# 現地嫌いなフィールド言語学者、かく語りき。

吉岡乾 著

創元社

目次

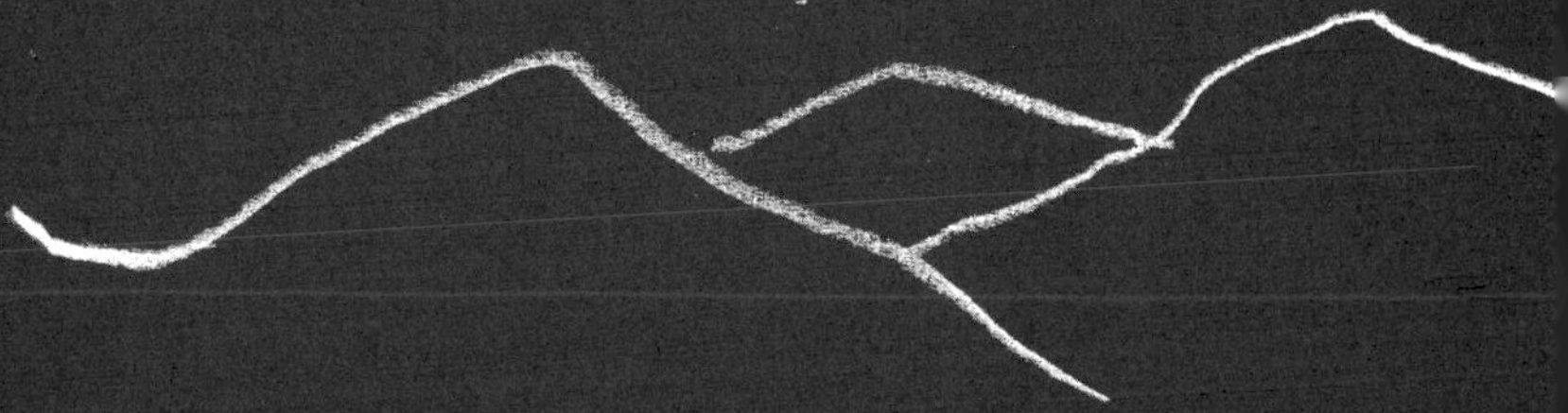

目次

2.



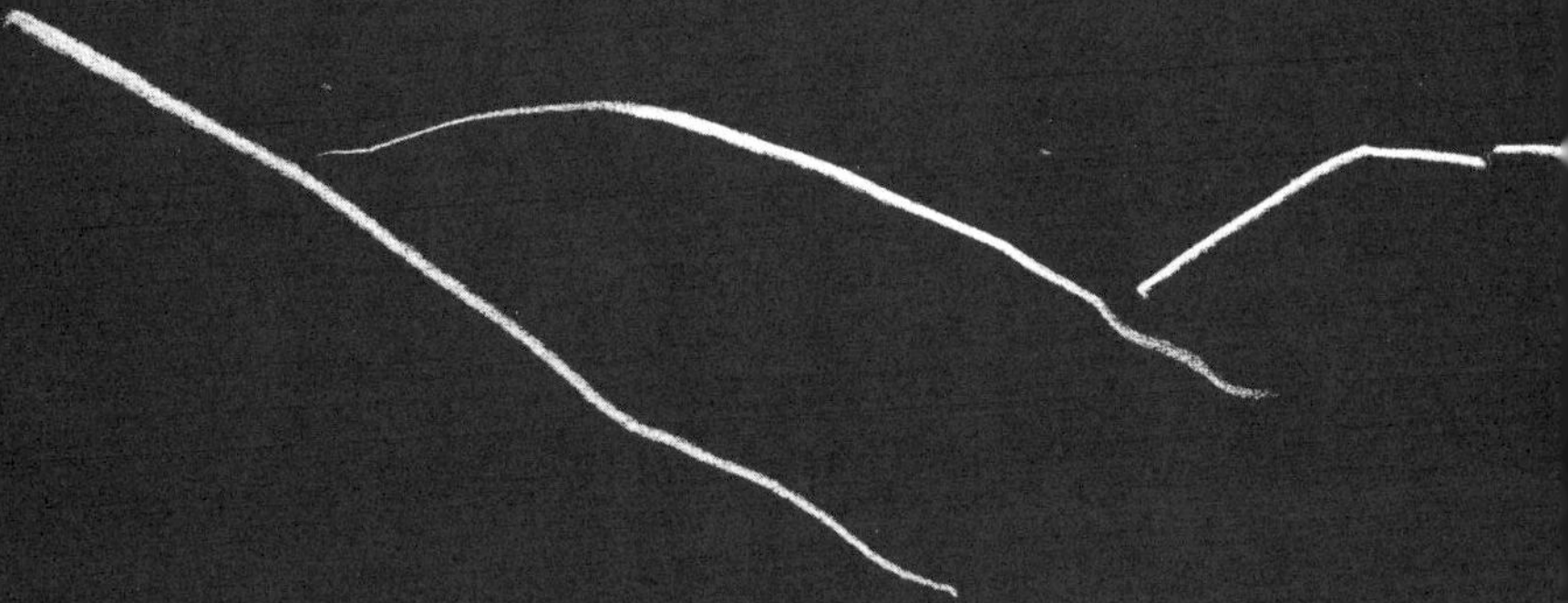

広域地図

パキスタンとその周辺。

カーブル
Kabul
ヘラート Herat
アフガニスタン Afghanistan
カンダハル
Kandahar
クエッタ
Quetta
パキスタン Pakistan
カラチ
Karachi

拡大地図

パキスタン北部辺り。本書の舞台となる地域。

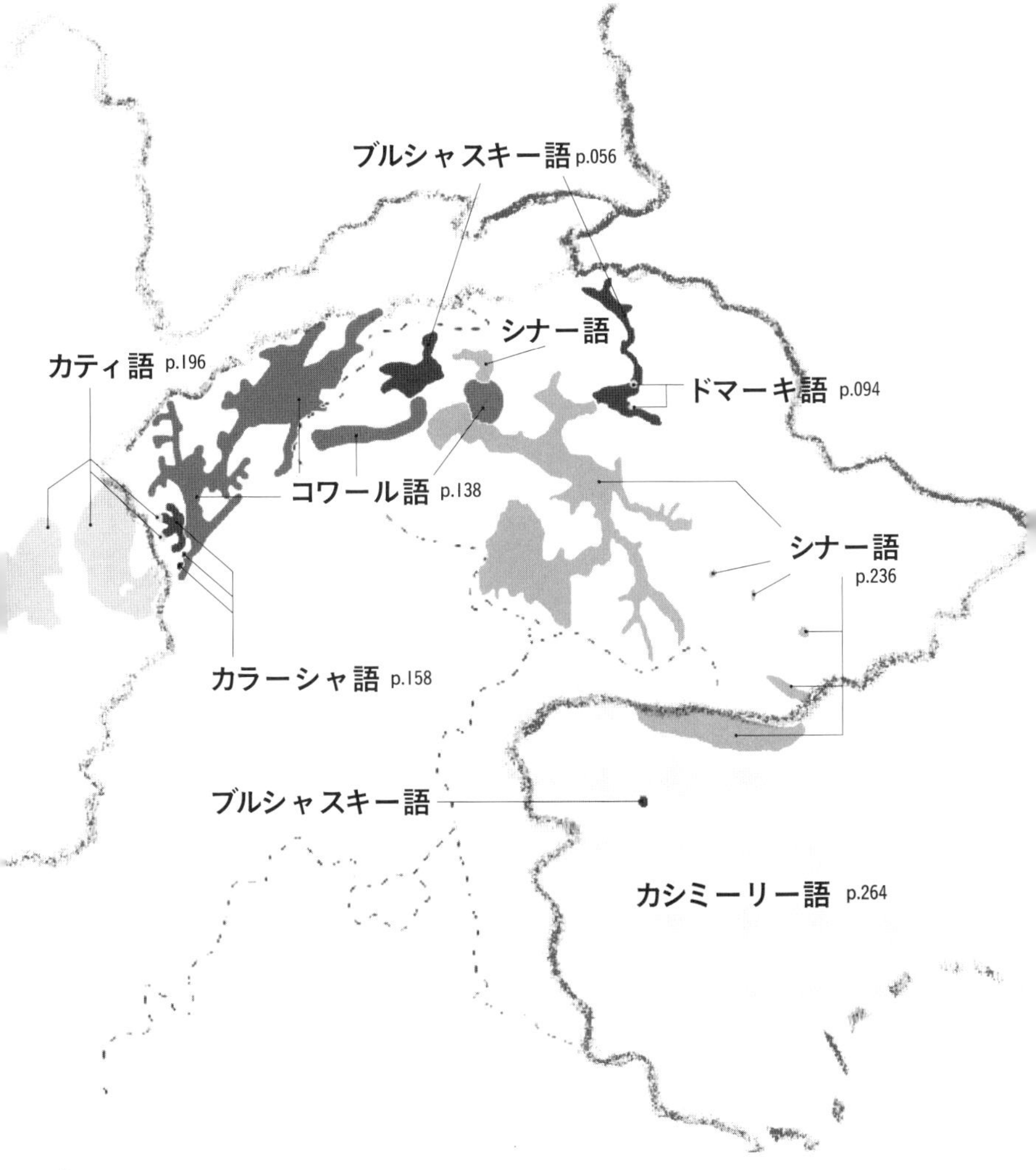




## 言語分布図

本書で紹介する、著者が調査している７つの言語。

## 調査地へのアクセス

### ◎イスラマバード

二〇一九年七月現在、パキスタン航空（ＰＩＡ）が東京から北京経由でイスラマバードへ週一、二便飛んでいる。所要時間は一〇時間ほど。それ以外にも日本からは、タイ航空、中国国際航空、エミレーツ航空、カタール航空などで、一回の乗り継ぎで行ける。前二者なら所要時間は最短で一四〜一六時間程度。

### ◎ギルギット市・フンザ谷・ナゲル谷

イスラマバード〜ギルギット間は、ＰＩＡの直行便がある。毎週五〜一〇便ほど（二〇一九年七月現在）。飛べば一時間強だが、有視界飛行であるため、欠航も結構多い。

陸路なら、旅行者にとっての選択肢としては、バス、レンタカー（運転手付きチャーター車）が考えられる。

バスは、イスラマバードの郊外にある、ピール・ワダーイーのバスターミナルなどから出ていて、カラコラム・ハイウェイ（ＫＫＨ）を通って北上する。所要時間は、ギルギット市までで一五〜二〇時間くらい。

ＫＫＨは、イスラマバード北西のハッサン・アブダルあたりを起点として、マンセーラー、ベーシャーム、チラース、ジャグロート、ギルギット、下ナゲル谷（フンザ川沿いナゲル谷）、フンザ谷、ゴジャール谷、フンジェラーブ峠を通って、中国の新疆ウイグル自治区のカシュガル（喀什）まで到る、全長一三〇〇kmの道路である。フンジェラーブ峠は冬場（十二月一日〜三月三十一日）は閉鎖される。

レンタカーならば、特に夏季は、ＫＫＨよりも早く北上できるショートカットのルートがあるので、運転手が頑張れば、一二〜一五時間程度でイスラマバードからフンザ谷へと移動できる。運転手に優しく慎重派な会社の車だと、道中、チラースあたりで一泊することになる。

ショートカットは、マンセーラーから北東に入って行くルート。クンハール川沿いに続く上り坂の道は、避暑地として国内で人気のカーガーン谷ナーラーンを通過し、バーブーサル峠（海抜四一七三m）へと到る。峠のあたりまで行くと、夏でも雪が残っている。峠を越えたら九十九《つづら》折りの下り坂。急速に標高は下がり、気温が上がる。それより三〇kmほど北の地点、チラース市の東側でKKHと合流する。秋〜春は雪で鎖《とざ》されてしまって、このルートは使えない。詳細な開閉の日にちは、流動的である。

ギルギット市からフンザ谷へは日に数本のワゴンが走っている。上ナゲル谷（ナゲル川沿いナゲル谷）へもわずかにあったかと思う。

フンザ谷から上ナゲル谷へは、アリアバードからホパル村まで多少のワゴンが走っているし、フンザ谷のカリマバードから上ナゲル谷の大ナゲルまではゆっくり歩いても三〜四時間くらい、大ナゲルからホパルまでは二時間くらいだ。

## ◎ヤスィン谷

ヤスィン谷やイシュコマン谷は、ギルギット・バルティスタン州の西部にある。ギルギット側からのアクセスとしては、西に延びるギズル谷へ進み、ガークーチ町から北に折れればイシュコマン、グピス町から北に折れればヤスィンである。

ギルギット市から西に向かうには、NATCO（国営バス）が早朝、一日一本出ている。このバス自体は、次に述べるチトラール方面へのアクセスに書いたが、マストゥージまで行く。

グピス町でバスを降りて、地元の乗り合いワゴンを拾えば、ヤスィン谷へ行ける。二〇〇七年当時、ヤスィン谷は観光客などの来る場所ではなく、谷に宿らしい宿はたった一つしかなかった。中央ヤスィン村を越えて、タウス村の一番奥に一軒だけホテルがある。利用客は、何らかの用事でパキスタンのどこかから稀にやって来るわずかな者のみ。僕が一週間滞在したときには他に誰もいなかった。

### ◎チトラール市、カラーシャの谷

空路なら、二〇一九年七月現在、毎週各二便、イスラマバードやペシャーワルとチトラールとを結ぶPIAが飛んでいる。フライト時間は一時間強。

陸路で行く場合、イスラマバード市内（セクターG-9中心部カラチ・カンパニー地区）からバスが出ている。所要時間一三〜一五時間程度。かつてはディール市で乗り継ぐとのことだったが、今では直行便がある。雪で鎖されることの多かったロワーリー峠（三一一八m）に二〇一七年九月に新しいトンネルができ、年間通して陸路で行けるようになった。

別のルートとしては、ギルギットからの陸路もある。先述のギズル谷へ向かうNATCOバスは、シャンドゥール峠（三七二〇m）を越えてマストゥージまで半日掛けて行く。そこで一泊し、マストゥージから乗り合いのジープ類に乗れば、六時間ほどでチトラールまで行ける。

カラーシャの谷（ルンブール谷、ブンブレト谷など）へは、チトラール警察で発行される入域許可証が必要である。チトラールから乗り合いのワゴンやトラックが出ているが、昼前に全て出払ってしまうことも。車はだいたいが、アユーン村止まり。アユーン村で別の車を見付けて、カラーシャの谷へと向かう。谷の入り口にチェックポストがあり、そこで許可証が必要となる。二〇〇八年には入域料一〇〇ルピーが、二〇一六年にはパスポートのコピーが要った。チェックポストで、ルンブール谷とブンブレト谷とに分岐する。

ルンブール谷のバラングルー村から帰る時は、朝一で乗り合いワゴンが村の中心に来るのに飛び乗った。ノンストップでチトラール市の中心まで行けた。

### ◎スリナガル

まずはデリーへ行く。日本からデリーまで、色々な経路のフライトがある。直行便もある。

デリーからスリナガルへは、エア・インディアやジェット・エアウェイズが繋いでいる（二〇一七年七月現在）。どちらも毎日一便。所要時間は一時間半ほど。

陸路では、デリーからジャンムーまで半日、ジャンムーからスリナガルまで半日程度。スリナガルからラダック地方へは二日ほど。

遥かなる言葉の旅は、　いつだって途中でしかない。

# 0.

# 遥かなる言葉の旅、遥かなる感覚の隔たり

## 常識知らずの多様性

異文化に揉《も》まれると、どうしても自文化の楽《らく》な側面が良く見えてしまうのは、万国共通なのではないだろうか。何せ、生まれ育った環境なのだから、勝手が分かっていて、不必要に神経をすり減らさなくて済む。それは、僕の生まれ育った日本という国の、関東という地域が優れた環境だからではなく。たとえば、客観的に明らかに劣悪で残念な環境であったとしても、そこで生まれ、育てば、その環境のノウハウが身に付くから、余所《よそ》では感じられない心地良さ、気安さ、安心感といったものが、幾許《いくばく》かは覚えられるのではないか、という話である。

文化は多様だ。異なりの生じうる側面は無限にあるし、異なりかただって無限にあるだ

ろう（ただし、現実問題として過去から未来に掛けて、その異なりは全て離散的であり、かつ、ヒトという種の発生から終熄《しゅうそく》までの期間のみに限られるため、「無限」などとは嘯《うそぶ》いたが、最大限を想像してみてもたかだかアレフ・ゼロ[*1]に過ぎない。加算無限集合である）。そうすると、ホームから離れれば離れただけ、おのれの持つちっぽけな「常識」から外れた事態・思想・言動などに直面する機会が訪れる。

日常的に停電したり、飲み水を意識的に購入せねばならなかったり、疾走する車の間をかい潜《くぐ》って大通りを横断せざるを得なかったり、タクシー代を交渉しなければ異常な高値をせびられたり、安くてすぐに書けなくなるペンしか手に入らなかったり、真冬に冷水で沐浴《もくよく》しなければならなかったりも、街灯のない夜道の中央に落ちたら死ぬような陥没があったりもするだろう。コンビニもなければ高速通信回線もなく、駐輪場もなければ自動販売機もない。神社も、深夜アニメも、すあま[*2]も、文庫本も、はみ出していないキッチリとしたペンキ塗装も、ゲーセンも、犬を散歩させる人もない。モンゴロイド（的）であるというだけで、遠巻きに、あるいはわざわざ接近してきてまで、バカにされる。千葉県船橋市でも東京都武蔵野市でも体験できなかった生活環境が、パキスタンにはあった。イスラマバードにもラーワル・ピンディーにもフンザ谷にもナゲル谷にもカラチにもギルギットにもヤスィン谷にもチトラールにもルンブール谷にもラホールにもタクシラにもムザッファラバードにもあった。すあまのなさは、大阪府に越したらあった。あんなにおいしいのに、どうして関西にはほとんどないのだろうか。頑張って探して、大阪市城東区のとある和菓子屋でようやく見付けはしたが、自宅から自転車で片道一時間以上は掛かって、どうにも通うには遠い。今すぐ関西のコンビニ各店はすあまをおいてほしい。関西住みのたればぱんだがいたら、好物なしでつらい生活をしているのではないかと不安になる。カジノだの万博だのより先に、すあまがまずもって欲しい。それくらい、文化の違いは身に堪《こた》える。一週間の旅行程度ならまだしも、月単位、年単位の生活となったら、やはり暮らしやすさは慣れ親しんだ文化との近似度に大きく左右されるだろう。

生活スタイルに関して柔軟な人は、どこに行っても楽しくストレス・フリーな暮らしを営めるのかも知れない。そういう意味では僕は、居心地の悪さに対する容認度が低いのだろう。ひいては、フィールド調査に向いていないとも考えられる。それでも職業柄、フィールド調査に行かなければならないのだから、行く。プルキンエ細胞が正常に発火しつづける限り、行くのだ。いつだって調査に行く際には、出発前から早く家に帰りたいと思っているが。

## 不運は独りでは来ない

フィールド言語学者という集合の末席を汚していやしないかと心配しつづける僕なので、フィールド言語学者の知り合いがそれなりの数、いる。彼ら彼女らの多くが、どれほど本気なのかは知らないけれども、フィールドを好んでいるように見える。どうしてそんな気持ちになれるのか。すわ素敵で目くるめく甘美なフィールドなのかと話を伺えば、案外つらそうな環境だったりもするのに、元気溌剌《はつらつ》と調査に赴《おもむ》いているさまがＳＮＳで視界をかすめたりもする。きっと言語学が好きで堪《たま》らなかったり、言語を愛してやまなかったり、人付き合いが苦でなかったり、研究に人生を捧げていたり、家庭に居場所がなかったり、さまざまな理由から自動的に前向きになれる機序が備わっているに違いない。僕にもそういった動機があったら良かったのに、存外と言うか案の定と言うか、長年自省してみても一向に発掘できないので困ったものである。

　それでも調査へは行く。仕事だもの。わりと頻繁に、協力者を非協力者と呼びたくなるくらいに協力が得られない時期があったりもするが、彼らには彼らの日常生活があるので、咎《とが》めたりはすまい。自分を宥《なだ》め賺《すか》して可及的最大限の調査に勤しむ。

苦しい状況というのは何《なに》か彼と重なって畳みかけてくることが多い気がするが、それはきっと、主観的に悲観して算出している被害妄想に違いない。約束を破られて悪ガキに囲まれて草臥《くたび》れ果ててトホホなタイミングに、落ち着けるレストランが閉まっていて気安い現地友人連中も商店街で顔を合わせない、なんてことがあっても、それはひとえにたまたまであって、個別にがっかりするべきであり、合算して大悲嘆にくれるのは妥当な対応ではない。そんなことをしたらストレスでイライラして翌日誰かに文句を言いたくなったりしてしまうぞ。文化が違うんだし、環境が違うんだから、思うように事が運ばないのを全て相手のせいだと思っては負けだ。何に対する勝ち負けかは分からないけど、負けだ。きっと明日は今日より良い日になるから、今日はさっさと寝るのが吉《きち》だ。自分にそう言い聞かせて床《とこ》に就いたら、夜中に壁から顔にゲジゲジが落ちてきて、手で払おうとしたら顔の上でぐしゃぐしゃに潰れたことがあった。本当に落ち込むので、頼むから別々のタイミングで虫や不運は降り注いでほしい。

## お互いの気質

付き合いが浅いからインドの協力者たちはまだ把握できていないが、パキスタン人の協力者たちは、得てして事を先延ばしにするのが好きだ。こちらが調査したいオーラむんむんで近くにいても、なるべく先延ばししようとしている感じが窺える。「今日は忙しいから、今日の分も合わせて明日、倍やろう」が口癖の者もある。倍やれた例はない。（イスラマバードへの）下山の日を訊かれて、たとえば「十五日だ」と答えれば、「十三日までは忙しいから十四日に付き合ってやる」と言われる。最終日くらいゆっくりしたいが、そんな調子なので最終日にゆっくりできたこともない。そして、その十四日にすっぽかされることは多々ある。その回の調査の序盤で、その年に知りたいことの全体像を伝えてあっても、ペース配分もできないのに「まだ大丈夫。明日盛り返す」の繰り返しで先送りにされ、結局半分も達成できないことがある。だいたい、三回中二回の調査はそんな感じに終わる。

いや、それでも気長に付き合ってくれるのだから、齟齬《そご》に過敏になっては文句ばかり言っていても詮ないことではないか。考えてみれば、そう、彼らには彼らなりの良いところだってあるだろう。

たとえばその……ね、今は特に思い浮かばないけど、何かあるはずだ。人間だもの。

言語学者は別に、言語運用能力に秀でているわけではない。表現力が涵養《かんよう》されているわけでも、古式ゆかしい言い回しを豊富に熟知しているわけでも、ハッとするウィットに富んだ比喩を巧みに操れるわけでもない。なので、彼ら協力者たちの素晴らしい点を言語化できなくても、しかたがない。改めて言葉にしようとするとしっくり来ず、うわべだけの美辞麗句みたいな感じがして、表現するそばからするすると指間《しかん》をすり抜けて零《こぼ》れ落ちていっても、責められた話ではない。上手に人を褒めることができる人もいれば、摸索《もさく》しあぐねた言《こと》の葉を全て含んだままに口を噤《つぐ》んでしまう人もいる。かと言って後者が他者に対する肯定的な評価をしていないか、感謝を覚えていないかと言えば、そういうことではない。思いの丈《たけ》を言語化するのが苦手なだけだ。僕などはその典型であろうと自負している。

飛行機からの
ながめ

そのあたり、言語は難しい。母語以外の言語を学習している際に、運用能力が低くて喋れないだけであっても、まるで思考能力が乏しくて、または理解ができていなくて返答に窮しているかのように見えることだってある。分かっていても話せなくても、分かっていなくて話せなくても、出力されている観測可能な様相は「話せていない」というところに収斂《しゅうれん》するからだ。そこを巧く汲み取って理解できるかどうかは、受け手に一任されている。書籍で言うならば読者である。僕が協力者の面々に対して誉め言葉を用いていないのを、僕の心の悪さに求めるか、言語化能力の低さに求めるか、それ以外の理由を考えるか、まるっとお任せしよう。口では何と言っていても、本心は他者には確定できない。何なら当の本人だって、本心が理解できているかは分からない。

調査に協力する約束をすっぽかして友人と飲んだくれていても、忙しい忙しいと断っていたはずなのにこっそり村へ行ったら道端でクリケットをしていても、幾ら探しても携帯電話にコールしても見付からないし応答しないくせに顔を合わせた瞬間に「協力したかったのにお前がいなかった」だのと言いがかりを付けてきても、彼らはきっと、悪気があってしているのではない。見ず知らずだった僕の、待てど暮らせどロクに目に見える形で成果を上げてこない研究に、急かしたりもせずに何年も何年も協力してくれていすらするのだから、善人じゃないか。僕が同じ立場だったら、痺《しび》れを切らして自分で研究を始めてしまっているかも知れない。

　悪いことばかりではなく、パキスタンにも良いところはある。たとえば……、そう、マンゴーが美味しいとか。あと、物価が安いとか。山脈に入れば景色が良いとか。マンゴーが甘いとか。標高が高いところに行けば見晴らしが良いとか。雪融《ゆきど》け水の湖が青いとか。マンゴーが安いとか。涼しいところに行けば涼しいとか。星が見えるところに行けば星が見えるとか。それに、マンゴーとか。

　とにかく、お蔭さまで、蹁躚《へんせん》しつつも研究はのろのろ進んでいるし、大いに感謝している。何彼と情けない性格をしているために、ともすれば一蹶《いっけつ》不振《ふしん》ともなりそうな根性なしの僕が、気付けばもう一五年以上も研究を続けられているのは、協力者諸兄《しょけい》の人柄に拠っているとも考えられまいか。

　昨今の日本は、事細かく発言の一字一句に目《め》抉《くじ》らを立てたり、何なら発言の一部を切り抜いては適宜、おのれの好む文章を捏造《ねつぞう》して「問題発言だ」だの「差別だ」だのと喚《わめ》く連中が跋扈《ばっこ》していて、うんざりしている。匿名性の暴力を揮《ふる》うことに恥を覚えない人々には、かくも醜くなりうる者もあるのかと驚くばかりである。そういったあたりは大変に嘆かわしいし、嫌ってすらいるのだが、それでもパキスタンよりインドより、日本のほうが断然好ましい。その理由は本節の冒頭に述べたとおりである。

と言うか、分かりやすく言えば少なくともパキスタンは大嫌いだ。インドも多分、将来的にそう言いたくなろう。

## 埋まらない溝は埋まらない

日本生まれ日本育ちの僕が、客観的に日本とパキスタン（やインド）とを比較できないのはやむないことである。どうあがいても、立場的に不可能なのだからしかたがない。そんな偏見フィルター越しに見ると、パキスタンは暮らしにくいし、パキスタン人とは摩擦が大きい。

一握《いちあく》の対象としか接触することなく、一括《ひとくく》りに国籍で云々《うんぬん》するのは飛躍があろう。けれど、接触したことのある（おそらく）数百名のパキスタン人たちから、帰納的に全体的な共通特徴を割り出せないかと言われれば、それなりに高い確度で可能かも知れないと思う。

繰り返しになるが、パキスタンの、個々の協力者や友人は、それぞれに良いポイントがあったりする（と信じている）。何度も言うのは後ろ暗いからではなく、大切なことだからだ。大切なことや善行や温泉でまったりすることなどは、何度何遍繰り返しても構わないだろう。だから、それゆえに、僕が嫌悪しているのは彼ら個々人ではないのである（もちろん、嫌っている個人もあるが）。そうではなく、属性として彼らの持ちがちな部分に、どうにも僕をうんざりさせる要因がありそうなのだ。

たとえば、距離感。大学の廊下で誰かと会話をしているとき、別の会話グループのメンバーが、背中が当たるかどうかくらい近く、自分の真後ろに立っていることは、日本ではまずない。それなりの広さの部屋の中で座って会話をする際に、胡坐《あぐら》の膝が接触するほど隣の者が間合いを詰めて座ることなんかも、日本人同士では考えがたい。個人差はあるだろうけれども、日本人の個人的「縄張り」領域と、パキスタン人のそれとの広さが、噛み合っていないからこその嫌悪感ではないかと思う。そしてそれは、抗《あらが》いがたい生理的な感覚なのだから困る。初対面で家族構成や給料を尋ねられることへの拒否感も、それだ。

路上で貧しそうな子が「金をくれ」と寄ってくるのも。朝の道端で成人男性連中が鴨川《かもがわ》のカップルのように等間隔で一列にしゃがんで座りションをしているのも。日没後に商店街の野犬に警察か何かが発砲して回るのも。用便後に水と左手でじかに拭き取るのも。油まみれにしながら右手で飯《めし》を食うのも。本人に聞こえるのもお構いなしで「あいつ俺たちの言葉を喋るんだぜ」などと噂話をするのも。バスの中で食事のゴミを床に捨てるのも。寮の部屋で床に唾を吐くのも。

評価は知性と経験が生む。

知性も経験も超越したら、それは信仰ではないか。

僕が日本という異郷の「当然」を持ちつつ遭遇したからこそ、「嫌だ」という感覚に結び付いたのだ。本当は、単に、文化・しきたりの異なりでしかないのに。柔軟性の低さを照射した照り返しなのだ。だから、少なくとも決して、それらをしてパキスタン人を、パキスタンを、否定することはできない。そこが最低限守るべき倫理であるし、現状は最大限の対処である。きっと、パキスタン人たちだって、日本人と接触したらあれやこれやでイライラさせられているのだろうから。それでも彼らが、日本を悪《あ》しざまに罵ったりすることはあんまりないのだから（ただし、最近は、非イスラーム圏にあまり関心を持たないパキスタン人にも、日本の国際政治における姿勢などに関して、やいのやいの言われたりする。だが、それに関しては弁解の余地もないし、義理もない。そもそも、僕だって困り果てているのだから迷惑なものである)。

もっと大人になろう。将来的に、もっと歩み寄って、積極的にポジティヴな誉めどころを見出して行こう。それにはじっくり取り組みたいと思う。遥かなる言葉の旅は、いつだって途中でしかない。まだまだ時間が必要だから、今は容喙《ようかい》せずにまったりと果報を寝て待っていただきたい。

＊1　$\aleph_0$と書き、アレフ・ノート（aleph-naught）などとも呼ばれる。濃度の最も小さい無限集合を言う。アレフ（א）はヘブライ文字の最初の文字。ギリシア文字のアルファ（α）やアラビア文字のアリフ（ا）などと同根であることは、その名称からも、各文字体系の最初の文字であるという共通点からも見て取れる。いずれも、フェニキア文字のアーレプ（𐤀）、さらには原シナイ文字のアルプ（𓃾）に遡る。もちろん、ラテン文字のAやキリル文字のAもだ。

＊2　素甘。和菓子の一種。主に東日本で愛顧されている、とてもおいしい餅菓子であり、ご祝儀などに多用される。思い上がった関西人などが「カマボコちゃうんかワレ」などと愚弄するのは、大変に失礼であるのでやめていただきたい。透明な瓶にしかけておけば、たれぱんだを捕獲するのに最適。たれぱんだの生態については、サンエックス（SAN-X）社が詳しい。

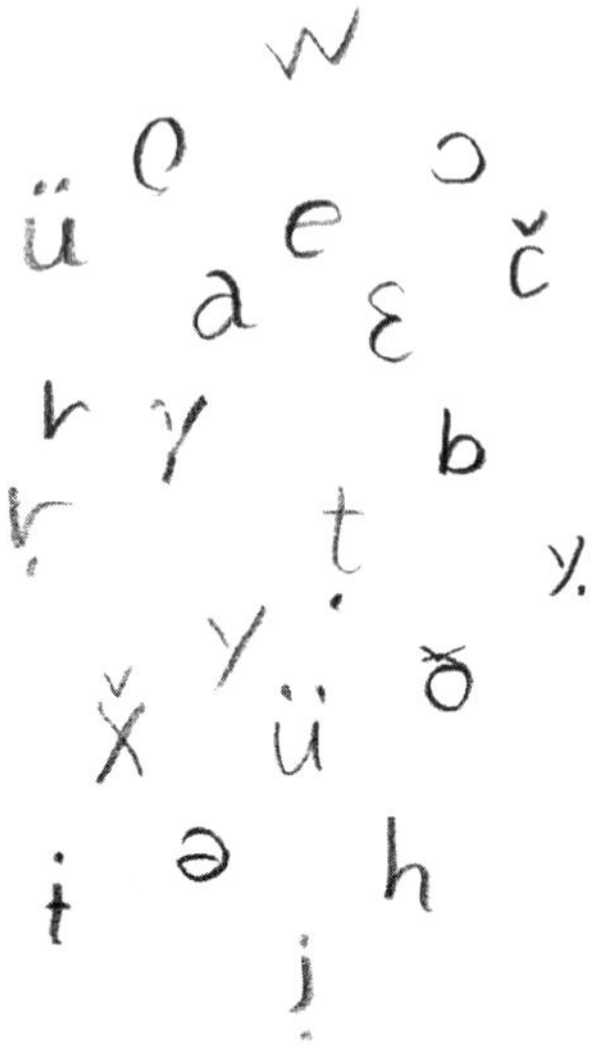

# 表記と文字のこと

## 文字という記号

本書では、言語音を表すために幾つか特殊な文字を用いている。「文字のないことば」の節で述べる国際音声字母（ＩＰＡ）というのが、世界中の音声言語の音声を書き表すのに最適化されている記号体系なのだが、あまり一般に馴染みのあるものではない（たとえば一般的な英語の辞書に書かれている発音記号も、ＩＰＡとは異なる）。なので、ラテン文字（いわゆるローマ字、abc）に記号を付加して、日本人読者にも比較的直感的に音が想像できそうな表記を用いて、調査している言語などの音を明記することとしている。なお、／／［］に囲まれている部分はＩＰＡでの厳密表記なので、知らない方は何となく形だけでも眺めて、分かった気になって読んでくれれば良い。

なお、一般的に文字の用いられている言語に関しては、適宜、綴り字も併記した。義務教育でも学ぶ英語の単語に関しては、発音の表記も省略した。

文字とは、（語や）音を表すための恣意《しい》的な記号である。どういうことかと言えば、実際の音と、それを指し表すための文字の形との間には全く関連性がないけど、その対応の約束が集団内で決められているという、組み合わせシステムなのである。たとえば日本語のかな文字の「お」は、IPAで書く[o]という音とおおむね対応している。「お」の形のどこに、[o]の音を表す要素があるかと言えば、ない。「ね」「れ」「わ」という文字は互いに似ているが、音はそう似ていない。

ソ連を意味したロシア語の「CCCP」は、エスエスエスエルであって、シーシーシーピーではない。「GWУ」は一見するとラテン文字の「CWY」に見えるし、最後の文字はキリル文字の「y」にも似ているが、実際はチェロキー文字で「チェロキー語」という意味の単語であり、ジャラギ[dʒalagi]と読む。彝文字《イもじ》（涼山規範彝文《りょうざんきはんイぶん》）で「エ」はパ[pʰa˥]だし、「S」はリ[lz̩˧]だ。傈僳語《リスご》のフレイザー文字では、「F」がツァ[tsa˧]で、「Y」がジャ[za˧]である。形と音との結び付きに必然性はない。

以下に、本書での表記の一覧と平易な解説を示す。説明は、必ずしも言語学的に厳密なものではない。

## 母音表記について

まずは母音。文字の上に横棒が付くと、長母音《ちょうぼいん》になる：a ⇒ ā。文字の上に「~」が付くと、鼻から息を抜く鼻母音《びぼいん》になる：a ⇒ ã。文字の上にアクセント記号「´」が付くと、高く発音したり、強く発音したりする：a ⇒ á。文字の下に点が付くと、R音性母音になる：a ⇒ ạ。各種の組み合わせもあり。

| | |
|---|---|
| a | ア。 |
| e | エ。 |
| ɛ | アとエとの中間の音。 |
| ə | はぁーと溜息を吐いたまま、力を抜いた状態で声を出すと出る、曖昧な音。 |
| i | イ。 |
| ɨ | 日本語のイとウとの中間の音。 |
| o | オ。 |
| ɔ | アとオとの中間の音。 |
| ṛ | 母音として現れるRの音。まぁ、そういう変なのが一部の言語にはあるんです。 |
| u | 日本語のウ[ɯ]より唇を突き出して発音するウ。 |
| ü | ユ[jɯ]、または、イとウの中間で唇を突き出して発音する音[ʉ]。（未詳） |

## 子音表記について

次に子音。説明のカナ表記では、「ア」[a]の音を足してそれっぽくしている。ざっくり言えば、文字の下の点は反り舌音などを、文字の上のV記号（「ˇ」：ハーチェクなどと言う）は口蓋音《こうがいおん》などを表す。子音字にhを後続させた場合は、有気音（息漏れしながら発音する音）を表す：c [ʦ] ⇒ ch [ʦʰ]、d [d̪] ⇒ dh [d̪ʱ] など。

**b** バ。

**c** ツァ。[ʦ]。

**č** チャ。[ʨ]。ただし、コワール語より西では[ʧ]で、英語のchanceの"ch"の音と同じ。

**ç̣** 舌を反らせて発音するチャ。[ʈʂ]。

**d** ダ。実際には舌先が前歯の裏に付く、[d̪]。

**ḍ** 舌を反らせて発音するダ。[ɖ]。

**ð** 舌先と歯先とで発音するザ。英語のthatの"th"の音と同じ。

**f** ファ。

**g** ガ。厳密に言うとＩＰＡでは字形が少し異なり、[ɡ]である。

**γ** 舌を上顎に付けずに（狭めを作って）発音するガ。[ɣ]。

**h** ハ。

j　ジャ。[ʥ]。ただし、コワール語より西では[ʤ]で、英語のJapanの“j”の音と同じ。

j̣　舌を反らせて発音するジャ。[ɖʐ]。

k　カ。

l　ラ。舌先を上の歯茎に当て、舌の脇を開いて発音する。英語のlightの“l”の音と同じ。

ḷ　ラ。英語で「暗いL」と呼ばれる音に近い。「アバヨー！舌の疲れることば」参照。

m　マ。

n　ナ。実際には舌先が前歯の裏に付く、[n̪]。

ṇ　舌を反らせて発音するナ。[ɳ]。

ŋ　ガ。「漫画」の「ガ」、「言語」の「ゴ」などで使っている音。鼻濁音《びだくおん》のガ。

p　パ。

q　カ。口の一番奥、口蓋垂《こうがいすい》（のどびこ、のどちんこ）あたりに舌奥を付けて発音する。

r　ラ。舌で一度だけ歯茎を弾いて発音する。[ɾ]。「村」の「ラ」。

ṛ　舌を反らせて発音するラ。[ɽ]。

s　サ。

š　シャ。[ɕ]。ただし、コワール語より西では[ʃ]で、英語のshoutの“sh”の音と同じ。

ṣ　舌を反らせて発音するシャ。[ʂ]。

t　タ。実際には舌先が前歯の裏に付く、[t̪]。

ṭ　舌を反らせて発音するタ。[ʈ]。

v　ヴァ。ただし、ワと発音しても良いものも。

w　ワ。ただし、ヴァと発音しても良いものも。言語によって[w]だったり[ʋ]だったり。

x　ハ。舌を上顎に付けずに（狭めを作って）カと言おうとすると出る。有声の対《つい》はγ。

x̌　ヒャ。[ç]。

y　ヤ。[j]。

y̯　ウァ。日本語のウを言うより気持ち舌を高く持ち上げて発音する子音。[ɰ̟]。

z　ザ。舌先がどこにも付かない。無声の対はs。「いざこざ」の「ザ」。

ž　ジャ。[ʒ]。舌先がどこにも付かない。英語のleisureの“-sure”部分の子音と同じ。

ẓ　舌を反らせて発音するジャ。[ʐ]。

ż　ザ。[ʣ]。舌先を上の歯茎に付ける。無声の対はc。「安産」の「ザ」。

地理的にも情報的にもアクセスしづらい言語のデータを採りに、
現地まで行くのがフィールド言語学者なのである。

# 1.

# フィールド言語学は何をするか

## フィールド言語学とは

フィールド言語学という研究分野名を聞いたことはあるだろうか？　読んで字のごとく、フィールドに調査（フィールドワーク、現地調査などと言う）に行ってデータを採集してきて研究をする言語学である。

これは、言語学という研究分野の手法が幅広いからこその名称かも知れない。たとえば人類学という分野では、フィールドに行くことがなかば必然となっているため、「フィールド人類学」などとわざわざ手法を言うことはしない（はずである）。こういうふうに、敢《あ》えて何かを付け加えているモノは、無印のモノに「標識（mark）」が付与されているということで、概念的に「有標《ゆうひょう》（marked）である」と言われ、有標のモノ、たとえば「フィールド言語学」という表現は、無標《むひょう》（unmarked）の「言語学」に対して、何かしら重要な付加的情報があるのだということを含意する。この場合は、「フィールドにデータを採りに行く」ということが、言語学全般の中で見るならば、一般的ではないのだということが暗示されている。一方で、無標の「人類学」が「フィールドに〜」を最初から含み持っているため、「フィールド人類学」という有標の表現は、敢えてする必要性がないのである。

## どうしてフィールドへ行くのか

気付いたら脱輪していたので、話の車輪を軌道上に戻そう。フィールド言語学はフィールドにデータを採りに行く。そう言うと、さまざまな疑問を持たれるかも知れない。

「何でわざわざ現地へ行くの？　研究費を使って楽しい旅行に行ってる口実じゃないの？」

「ネットで調査したら？　今時、ウェブ上に世界中の言語があるでしょ？」

「現地から人を呼べば？　やっぱり楽しくお出かけしたいだけでしょ？　正直に言いなよ」

疑り深いことは時に美徳ですから誉めたいところですが、僕は現地を微塵《みじん》も楽しく感じていないので今回は全力でハズレです。

フィールドへ行くことには幾つかのメリットがある。まずは、その言語が実際に使われている、その文化や環境を知るにも良いし、その言語に包囲されるというシチュエーションも、研究者と協力者との両方に良いものだ。僕みたいに物臭《ものぐさ》で、嫌いな言葉の一番が「努力」で、二番目が「ガンバル」だといった者でも、やむなく集中して言語に取り組むことができる舞台装置の一つといったところである。なにゆえ、文化・環境を知るのが良いかというあたりについては、本書を通して自ずと見えてくるかと思う（※見えてこないかも知れません）。

そして、意外に思われる読者もあるかも知れないが、世界に数多くある言語のうち、半分以上の言語には決まった正書法がない。要するに、無文字言語。話すだけで書かないという言語である。正書法があっても一般話者が書く機会が基本的にないという言語も多くあるので、ビッグデータだの大規模コーパスだのいった素材をもとに研究のできる言語というのは、書かれる言語の中でも、ほんのわずかに過ぎない。もちろん、正書法がないから書こうとすることがないということではなく、昨今は携帯電話が世界中に普及しはじめ、無文字言語話者が入力しやすい文字（ラテン文字など）を用いて、間に合わせの書記法でSNS発信をするといったことだって多々あるけれども。それでも、厳密な研究のためのデータ採取という意味では、ネット調査がしにくい言語は数多くある、と言える。

現地から人を呼ぶというのは、簡便のためには悪くない発想であろう。研究者によっては、フィールドが僻地《へきち》すぎるから、たとえばその国まで出張していって、フィールドから協力者を首都などの街へ呼び出して面会し、そこで調査を済ます人もいる。場合によっては、たとえばフィールドが政情的に近寄れないなど、そうせざるを得ないことだってあるだろう。けれども、当該言語にまみれるという、上《かみ》で言ったような状況にはならないし、どこまで呼び出すかによって制約が掛かる場合もあるのが実情である。日本に呼ぶとなると、協力者によっては「珍しい国に行ける」と喜んで賛同してくれるかも知れないが、いざ実現させようとしたら、まずパスポートがない、査証も必要になる、航空券を自力では手配できないなどといったことが起こり、全てを研究者が代行しようとしても、そのために現地に行かないと代行すらできないという場合もあったりする。何でも遠隔で（インターネットや電話で）済ませられるなんてのは、先進国の一部だけの特典である。少なくとも僕のフィールドの事例を挙げれば、日本に呼ぶのは現実的ではないし、渡航したら僻地のフィールドまで入ったほうが都合が良い。雨が降ってきたからと、自宅に残してきた幼子に職場まで傘を持ってくる「はじめてのおつかい」をさせるのは、どう考えてもあらゆる効率が悪い。そういう話である。

そんなわけで、地理的にも情報的にもアクセスしづらい言語のデータを採りに、現地まで行くのがフィールド言語学者なのである。アクセスしやすい言語のデータを採りに行く人も

向こう側

あろうけれども、その手の人が上の質問にどう返答するかは、当人にお尋ねください。

## ことばのフィールド調査の始めかた

では、初めて触れる言語のフィールド調査に行って何をするか、だが、これは段階分けして簡潔に話せる。何で簡潔に話したがるかと言えば、ここからが本題のはずだったのに、すでに紙幅をかなり食っているからである。やることはステップ分けして大きく三つだ：①語《ご》彙《い》（単語）収集、②文例収集、そして、③談話収集。

①語彙収集は、まぁだいたい、初めに五〇〇〜一〇〇〇語くらいをめどにガッとまとめて採る。当然ながら、各言語にはどんなに少なくとも万単位の語彙がある。単語以外にも定型句や諺《ことわざ》など、知るべきことは山とあるが、フィールド調査の真っ先にやることと言えば、その程度の数の単語を集めることだと思う。単語を採ると言っても、たとえば名詞なら単数形と複数形などであったり、動詞なら現在形と過去形だとか、人称・数による変化だとかも合わせて聞いていかないと、二度手間、三度手間となってしまうので、一遍に採る。したがって、五〇〇語採ろうとすると、実際に聞き取る語形としてはその数倍になる。それくらいの数を聞き出すのでも、数時間は掛かるし、発見は多い。その言語がどれくらいの音を区別して、どういうふうに音を（音節という単位などで）まとめて発音するかというパターン

が見えてきたりもする。それは追って適宜脳内で補正がされていくものだが、五〇〇語と一万語とでは大して変化が起こらない感じもするので、このあたりのラインで妥当なのではないかと思っている（※これは、僕の対象としてきている言語が音韻（音声システム）的に比較的平易な言語ばかりだからかも知れない）。

②の文例収集は、猛烈に優秀な人なら飛ばして③へ行っても良い部分である。ここの段階では、僕のこれまでの調査では、三〇〇文くらいの簡単な文章を発話してもらって、記録するということをしている。それは、その言語の文法の基本部分を理解するのに役立つ調査で、そこでパッと見で解るような文法要素を丸暗記すれば、憶えた単語をすぐに語形変化させられたり、シンプルな文を作文できるようになる程度の分量だと考えている。ただし、言語によっては手強くて、三〇〇文ではまだまだ浅瀬でしかないといった場合もあるので、そういう取っ付きにくい言語に手を出してしまった場合には、適宜質問数を増やしては、やってもやっても分からないという底なし沼の気配に怯《おび》えつつ、一歩一歩深みに踏み入れることとなる。

そこまで終わって、一通りの文法（音韻・形態・統語）が分かった気になったら、いよいよ、③言語データの増量計画始動である。物語、昔話、対話……、ありとあらゆるテキストを集めて、何度も聞いて、（何らかの書記法によって体系的に）文字起こしして、分析して、修正して、テキストを集めて、の繰り返しだ。この作業に、「充分」というゴールはない。多ければ多いほど良いというたぐいのものである。そして、新たにテキストを採れば採っただけ、それまでの言語理解を考えなおす機会にもなる。言語というのは難儀なもので、知れば知るほど分からないという側面もあったりする。一を聞いて十を知ることはなく、百を聞いて一を知り、万の疑問になるといった感じだろうか。だからこそ、テキストデータはあってもあっても充分ではないのである。

## 収集と還元

こうして集めた種々のデータは、人生に余裕のある時分か、何かしらの内的、あるいは外的動機に追い立てられて逃げきれなくなったタイミングで、形にしてアウトプットされる。語彙ならば辞書のたぐい、文法知識ならば文法書、テキストデータはテキスト集などといった形である。そうして形にされた成果は、後続の研究者や、その言語についての知識を得たい別ジャンルの研究者らに資することとなる。

これが、「地元還元」みたいなことを言いはじめると、さらにまた苦難の道だ。自分たちの言語に対する意識は高いんだけど、専門家から意見を頂戴したく思っているという殊勝な人々、コミュニティは稀有《けう》だ。意識が高いと自分たちだけで勝手に妙なことを始めがちだし、専門家に丸投げする程度の意識だと意見もあんまり聞かないうちに飽きてしまうことが多いであろう。地元の意識を変えるようにと巧いこと立ち回って、言語知識を求めさせて、必要とされて協力をする――だなんていう絶妙な働きかけ（洗脳）ができるなら、宗教でも啓《ひら》いたほうがありがたがられる。なので、フィールド言語学から、たとえば「語学書」なんてものへの経緯は、基本的にはないと言って過言ではないだろう。一般需要がないからこそ、これまでに研究が少なく、フィールドにデータを採りに行かなければならない状況が二十一世紀の現在まで継続しているのだから。

# インフォーマント探し

## 調査の協力者のこと

フィールド言語学が何をするかは前の節でおおむね語ったが、では、実際に始めるときに、現地に行って何から始めるかと言えば、それは対象とする言語の環境によって異なるだろう。まずやらなければならないのは、研究対象言語の話者の中から、調査に協力をしてくれる人を見付けだすことである。では、どうやって見付けだすのか？　そこが、言語環境に左右される。

対象言語がある程度「恵まれた環境」にある場合、つまり、言語使用地域の中や近辺に、言語学を研究するような施設（大学など）や、最低限、言語に関する何かをする施設があり、研究者がおり、その人が（本心はどうであれ）協力的で、「調査は○○さんからすると良い」と、紹介／案内／指示／命令してくれる場合があるだろう。そういう場合は、まずその○○さんから調査を始めることになるのではないだろうか。

なぜ、「〜ではないだろうか」という、ふわったとした書きかたをしたかと言えば、僕がそんな「恵まれた」言語にこれまで出合ったことがないからだ。では、「恵まれていない環境」の言語とはどういうことか。要するに、上のような施設がなく、何なら現地から遠く離れてもアドヴァイスをくれるような者はおらず、とりあえず現地に行ってゼロから始めないとならない、といった言語である。

僕はこれまでに幾つかの言語の現地調査をしてきているが、そのうちの十割がそういった始めかたで始めたものだった。

調査に協力をしてくれて、情報を提供してくれる人のことを、研究者は「インフォーマント（情報提供者）」とか、「コンサルタント（相談相手）」といった呼び名で呼ぶ。[*1] 研究倫理だとか、協働性の重視だとか言って、昨今は後者を好む人も多いし、それを押し付けてくる者も少なくないが、個人的には前者の呼び名が蔑視的であったり、協働性を無視していると看做《みな》すに充分な理由があるとは考えられないので、シンプルで分かりやすい「インフォーマント」呼びをしている。

## インフォーマントの探しかた

さて、そういうわけで、僕は「恵まれていない環境」の言語を調査する際、真っ先にインフォーマント探しをしなければならない。言語というものの性質上、インフォーマントは一人いれば充分というものではないので、言ってみればフィールド調査は、インフォーマント探しに始まって以降、インフォーマント探しに終始することになる。

そこで僕のやりかたは、こうだ。まずは、対象言語が話されている土地へ赴《おもむ》く。次に、現地を遮二無二ぶらぶらと散歩する。そうこうしているうちに、ある程度の土地鑑が育まれるし、道端で暇そうにしている現地の男性から「どこに行こうとしてるんだ?」などと声を掛けられる。これは、大きな町よりは村のほうが食い付きが良く、農村より観光地化が進められている(外国人が来ることのある)村のほうが食い付きが良い。たとえば観光地化している村の場合には、「じつは僕は観光客じゃないんだ。ここには調査をしに来たんだ」とでも言えば、向こうは面白がって色々と根掘り葉掘り訊きはじめてくれる。その翌日あたりに同じ場所を訪ねれば、前日以上に多くの村人が話しかけてくるので、会話を繰り返して、村の同い年から若者といったあたりの男性たちと仲良くなっていく。で、その中で、インフォーマントになりそうな人に協力依頼をしてみる、といった感じで、最初の協力者を得るのである。もしかしたら別の誰かを紹介してくれるかも知れないし、彼らの家族・親族・友人などのネットワークで、人付き合いが拡がり、インフォーマント探しが捗《はかど》る、という寸法だ。
ただし、インフォーマントとして優秀な人を探すのは、そう簡単ではない。僕の経験的に、インフォーマントとして優秀な人の特徴は、こんな感じである：①気長に相手をしてくれる、②言語調査に関心を持ってくれる、③頭の回転が悪くない、④それなりに暇がある。

言語調査というのは地道なもので、同じような質問を何度もしたり、奇妙な質問をたびたびしたりするものである。なので、①は、かなり重要だ。テキストブックがあったりするわけではないので、「はい、前回の続きね。二一ページから」というわけには行かない。本当に訊きたい質問に辿り着くまでに、幾つもの外堀を埋める質問をしていくといったこともある。似て非なる質問を積み重ねて、細かな文法の違いを探ったりもする。二、三〇分やっただけで飽きてしまって、適当な回答をされてしまっては調査データに信頼がなくなってしまうのである。

②の言語調査に関心を持ってくれるというのは、必須条件ではないが、ありがたい長所である。集中力を持たせる（①を後押しする）のにも有用であるし、自分の言語を内省的に考えて、積極的に色々な情報をくれるようになってくれたりもするので、関心のあるなしでは大きく違ってくる。興味のないことに長時間付き合わせてしまうというのは、こちらとして

も申しわけなくて堪《たま》らないし。

③頭の回転は、とても重要である。これは、知識量が多いと良いということではなく、知恵が働かせられると良いということだ。こちらが何を訊きたいのかを汲み取ってくれるインフォーマントだと、調査時間も短く済ませられるし、的確な答えがスムースに出てくるので、調査者、インフォーマント双方のストレス軽減に大いに貢献してくれることとなる。それが中途半端な回転の持ち主だと途端にダメで、調査者の期待に応えようとして事実を捻《ね》じ曲げる回答をしてしまっては、元も子もない。だったらピンと来ない人のほうがインフォーマントに向いている。

最後の④も、結局、良いインフォーマントであっても、調査に付き合うだけの時間がなかったら協力を得られないので、最低限必要な条件となる。個人的に狙い目としているのは、商店主や、宿のスタッフなどである。彼らは家の外に定期的に出てきて、客さえいなければ暇を持て余すので、調査には持ってこいだ。農閑期の農夫なども時間はあるが、家の中での調査というのは、他の家族の出す雑音がネックになるので、そういう場合は外に連れ出す工夫が必要となる。

賛否両論あるとは思うが、僕は基本的には謝金を払わないで調査をしている。「友人に協力をしてもらう」というスタンスで無償のインフォーマントを得て調査をしているのは、ケチだからではない。[*2] 上に述べたように、インフォーマントには適性があり、それは、相性などもあるだろうから、個々の研究者が見なければ見抜けない性質のものだ。だから、インフォーマント紹介というのは基本的に信用できない（かといって、紹介されてしまった場合には、ある程度は時間を無駄にしてでも調査のフリをしなければならない）。けれども、謝金を支払うようになってしまうと、金目当てで寄り付いてくる者が出てくる。大勢の中から選び抜いてインフォーマントを探したいのに、「インフォーマントになりたい」と言ってどこぞの馬骨《ばこつ》が寄ってきたところで、百害あって一利なしなのである。さらに、金銭が喧嘩の火種にもなることは、世の常識であろう。内証《ないしょ》だと言って支払っても、再訪時にはすでに村中が知っていたりする。謝金は研究者を不幸にしかねない。

僕は基本的に、内向的で、お喋りが苦手なタイプだ。人付き合いにわりと億劫さを覚えるし、一人遊びが得意だし、一週間誰とも口を利かなくても苦に感じない。けれども、現地調査に行ったらそんなことも言っていられない。知らない谷の知らない村に押し入り歩き回り、向こうから話しかけてこないならこちらから話しかけ、愛想を振り撒いて仲良くなって、誰か一人をインフォーマントとして選んだところで他の連中が気を悪くしないくらいにコミュニケーションを取って、言語を訊いて聴いて聞く。面白みの分からない下世話な冗談も「言語行為の一つ」だからと愛想笑いで聞き、調査中に誰かが空気を読まずに邪魔してきても「調査言語での会話を聞くチャンス」だと(できる限り)我慢して時間を譲り、インフォーマントが約束を破っても「まぁ、無償で協力してくれているんだから」と歯を食い縛って耐える。人付き合いの釜で煮られても、それが仕事なのだからしかたがないと。

＊1 英単語のインフォーマント *informant* は、ラテン語 *informo*「形作る、仕込む、知らせる」の能動現在分詞に由来する。一方で、コンサルタント *consultant* は、ラテン語 *consulo*「尋ねる、熟考する、助言を求める」の反復形 *consulto* の能動現在分詞から来ている。言語研究で尋ね、熟考するのは研究者の仕事であって、言語の具体的な姿を知らせてくれる母語話者にそれを担わせるわけではない。ともかく、俗人の僕は、コンサルタントとか言われると「経営、環境、旅行、結婚」みたいな修飾語が付いたそれを思い浮かべてしまって、しっくりこなくてもやもやするのだ。

＊2 と言いつつ、やむにやまれぬ事情があるときには謝金を出すこともある。円滑に進め、円滑な関係を保たなければならない際世の中には、金子《きんす》を信奉しつつも、他者からそれを奪うことに後ろめたさを感じつつ、どうしても奪いたいからと、あたかも金銭に無関心でひたすら親切であるかのな顔をして寄ってきて、最終的に本性を現して奪わんとする、といった卦体《けったい》な連中もある。ただし、相応の働きをしてくれている場合もあるので、一概に悪くは言えない。何であれ、金は人を変えると言うが、どちらかと言えば人を暴くのではないかと信じてやまない昨今であったりする。

# ブルシャスキー語
## Burushaski

ブルシャスキー語フンザ方言の基本フレーズ
（“ ´” の母音を高く発音する）

「私の名前はノボルだ。」
ジャー・エエク・ノボル・ビラ
***jáa eék noború bilá.***

「君の名前は何だ？」
ウネ・グイク・ベサン・ビラ
***úne guík bésan bilá?***

「どうもありがとう。」一人に／複数に
ブト・ジュー・ゴール ／ ブト・ジュー・マール
***buṭ júu góor. ／ buṭ júu máar.***

「調子はどうだ？」
ベ・ハル・ビラ
***be hal bilá?***

「元気だ。」
シュア・バー
***šuá báa.***

「また会おう。」
ダー・グイェーシャン
***dáa guyéešan.***

「ブルシャスキー語で何て言うの？」
ブルシャスキウロ・ベサン・セイバーン
***burúšaskiulo bésan séibáan?***

・系統的孤立語
・ブルショ人 *burúšo* の民族語
・話者は約 10 万人
・パキスタン　ギルギット・バルティスタン州　フンザ県　フンザ谷
　　　　　　　　〃　　　　　　　　　　　　ナゲル県　ナゲル谷
　　　　　　　　〃　　　　　　　　　　　　ギズル県　ヤスィン谷
・インド　　　ジャンムー・カシミール州　　スリナガル市　ボタ・ラージ地区など
・自称言語名はブルシャスキ・バーシ *burúšaski báaṣ*（*báaṣ*「言語」）

＊

2004 年から調査。

ヒト男性、ヒト女性、具象物、抽象物という名詞のクラス分類があり、それに合わせて動詞などの語形が変わる。具象物クラスには動物、ブドウ以外の果物、天体、山、鬼、乗りものなどが、かたや抽象物クラスには液体、植物、建造物、川、気象、時空間、概念などが含まれる。イスラームやキリスト教、ユダヤ教に共通する唯一神はヒト男性クラスに、鬼女《きじょ》（魔女）や妖精はヒト女性クラスに含まれる。

持ち主が誰であるかを必ず言わなければならない名詞群がある。身体部位、親族名称、感情など、一般的に常時誰かのものであることが想定される名詞類がそれに含まれており、誰かに譲り渡すことが基本的に考えがたい所有ということで、「譲渡不能所有（inalienable possession）」と呼ばれる概念である。たとえば、アス *a-s*「私の心臓」、ゴス *go-s*「君の心臓」、エス *e-s*「彼の心臓」、モス *mo-s*「彼女の心臓」、メス *me-s*「私たちの心臓」、マス *ma-s*「君たちの心臓」、オス *o-s*「彼らの心臓」などとなる。「心臓」を表している部分は、これらに共通している *-s* の部分なのだが、この要素だけが単独で文中に登場することはできず、誰のものであるかを示す前部要素（*a-*、*go-*、*e-* など）が必ず付かなければならない。名前・杖・声なんかも、頭・足などと同様に譲渡不能であり、グイク *gu-ík*「君の名」、グパゴ *gu-pháγo*「君の杖」、グチャル *gu-čhár*「君の声」のようになる。

古くはペルシア語やシナー語、近年はウルドゥー語や英語からの影響が多い。

## ブルシャスキー語

# 系統不明の凡庸なことば

### 系統的孤立語

ブルシャスキー語は系統的孤立語である。

そう言うと、何割かの人は「へー、何か面白い特徴があるんですか?」と訊いて来るので不思議だ。何%かと言うよりは、何割かと言いたくなる程度の割合で。

系統的孤立語というのは、ざっくり言えば、世界中の他の言語との血縁関係が証明されていない言語のことである。言語には血族があり、たとえば有名な「インド・ヨーロッパ語族」といったグループには、英語やロシア語やポルトガル語やペルシア語やヒンディー語なんかが成員として属している。これらの言語は時間を遡っていくと、いずれどこかでたった一つの祖先(祖語)に辿り着く。ブルシャスキー語は、そういった血族の仲間を持っていない、孤独な言語なのだ。

じつはそのあたりの表現はやや厄介で、積極的に血縁関係がないことを証明することは論理的に不可能である。いわゆる「悪魔の証明」というやつで、あるものを証明することは可能だが、ないものを証明することは不可能なのだ。そして、ひとたび他の言語との血縁関係が証明された瞬間に、それまで系統的孤立語と呼ばれていた言語は、孤立語ではなくなってしまう。そういう意味で、消極的には、そういった証明がされていない、系統「不明」であると言うべきかも知れない。

たとえば、日本語は最近まで、系統的孤立語だった。しかし今では、多くの言語学者は日本語を孤立語だとは考えていない。他の言語との血族関係が証明されたからか？　いや、半分違う。正しくは、血族関係にある他の言語が「生まれた」からだ。新しい言語が作られた？　それも語弊がある。それまで「方言」として扱われていた変種（もちろん、「方言」はある言語の中の変種なので、血族関係はある）が、「言語」に昇格したため、日本語と血族関係にある言語が「ない」から「ある」になり、日本語は晴れて孤立語から脱却したのである。何だか魔法のようだが、事実、日琉《にちりゅう》語族（日本語族と呼ぶ研究者もある）は、最近まで日本語しかなかったのに、今では十以上の言語を持っている血族となっている。

こういう話をすると、「方言と言語ってそんなにコロコロ変わる、適当なものなのか」と疑問に思う人もいるかも知れない。だが実際、ある言語変種Aと言語変種Bとが「言語」の違いなのか、「方言」の違いなのかというのは、判断が難しい。誰もが納得する基準など、ない。たとえば、①互いに通じれば「方言」だの、②背景にある文化に差がなければ「方言」だのと、基準らしきものを考えはするが、「通じる」とは何なのか、「文化」の異同はどう測るのかという問題、言語変種AとBは通じないけど、AとC、BとCとはお互いに通じるといった問題など、さまざまに穴があって、一概にどうとも言いがたい。ヒンディー語とウルドゥー語と、セルビア語とクロアチア語となどは、お互いにほとんど同じで会話が可能だが、背景の宗教が違い、文字が違う。

ではスペイン・ポルトガル国境近くのスペイン語とポルトガル語なんかは通じないのだろうか？（知らないけど、通じそうじゃないか。なぜそれらは「方言」じゃないんだ？）

とにかくブルシャスキー語は孤立語／系統不明の言語である。ただ、そうであることと、言語（学）的に目立った特徴を有しているか否かというのは、全く関係がない。今にも死滅しそうな消滅危機言語だからといって、必ずしも面白い言語特徴を持っているわけではないのと同じである。

## 言語の類型

世界中には七〇〇〇くらいの言語があると、何となく見積もられている（さきほどの、「方言」と「言語」の話から、この数字も大して意味がないことが分かるだろうけれども）。だが、それほどある言語が互いに全然違っているかと言ったら、そんなことはない。多くの言語は数個の母音と十数〜数十個程度の子音とを組み合わせて発音されるとか、世界の言語の約半分は日本語やブルシャスキー語と同じSOV語順を好み、約四〇％は英語や中国語と同じSVO語順を好むだとか、全体に通底している一定量のパターンでほとんど語り尽くされてしまう。そういったことを研究する、（言語）類型論という分野があって、かなりまとめられている。類型論的に逸脱した事例が見付かると大発見となるくらい、類型化された範《はん》疇《ちゅう》でしか、ヒトの言語のバリエーションはない。なぜかと言えば、それはヒトの生理的・生物的限界とも関わっている。同時に複数の音を発音したりはできないし、耳で聞いて区別できないようなわずかな音の違いを利用したとしても相手に的確に伝達できないし、口と鼻と喉とを使って作り出せる音のバリエーションも限りがあるのだから、音声言語で利用できる音声には最初から限度がある。基本的にはどの言語も、互いに、他のどれかの言語に見られるパーツの組み合わせでできあがっている。もちろん、珍しいタイプもあるにはあるので、それがその言語の特徴として喧伝《けんでん》されたりはするが。

## ブルシャスキー語の特徴

さて、ブルシャスキー語はどうかと言えば、やはり個人的には、他人に話したくなるような面白おかしい特徴を持っているとは思えない。何度も言うが、系統的に孤立しているというのが一つの特徴ではあるが、文法的には平凡な気がする。好みの語順はSOVで、世界の半分と同じだ。母音は五つ。子音は三六個くらいで、ちょっとだけ多いほうかも知れないが、世界には八〇以上（ウビフ語）だとか、一〇〇以上も子音を区別する言語（カー語族やトゥー語族）もあるので、それを考えたら単なる背比べをするドングリの一つだ。接頭辞と接尾辞を用いるのだってよくある特徴だし、能格《のうかく》言語というのだって南アジア全域で共通だ。

二十進法の数詞だって、そもそもヒトの手足の指が合計で二〇本なんだから、珍しくもない体系である（パキスタン北部だけでも広く見られる）。名詞に、大まかに言って四つのグループがあるというのは、フランス語などの男性・女性名詞、ドイツ語などの男性・女性・中性名詞の区別と比べたら多いが、ナフ・ダゲスタン語族（北東カフカス語族）だって四つが標準だし、アフリカのバントゥー諸語では一〇を超えるグループを持つ言語が主流だし、日本語の助数詞（「一枚」「一冊」「一艘《そう》」など）の使い分けグループはもっともっと厖大《ぼうだい》な数に名詞を分類するじゃないか。「女の子にフられた」のような受け身の表現を適《かな》える受動態を持たないが、これだって世界の半分くらいの言語がそうだったと思う。咳や吐き気や腹痛や熱中症といった生理現象を、「私に咳させた」みたいに主語のない使役文で言うのも、パキスタン北部でよくある。ああ、凡庸ではないか。

　過度な期待はしないでほしい。ただ、系統的に孤立しているだけなんだ。周辺にさまざまな系統の言語が寄り集まってきている山奥で、和気《わき》藹々《あいあい》と親睦を深めてひっそりにこにこ存続しているだけなんだ。それこそ、他の言語との陸続きでの接触があったからこそ、互いに丸くなって、尖った部分、目立った特徴がなくなってしまったのかも知れない。そういう漠としたロマンに夢を馳せるのは、誰かに任せるけど。

# PCOからスマホへ

## 電話とパンダ

「固定電話」という表現を聞いたことがあるだろうか。

この質問は、平成の終わりや令和の始まりではもはや、意味をなさないくらいにバカげた問いになっているだろう。何せ、ほとんど全ての人がYESと答えるであろうからだ。

では、一〇年前、二〇年前、三〇年前の昭和の終わりはどうであっただろうか。

もちろんその当時から家々に電話はあったし、黒電話はもう懐かしがられていた。多くはプッシュ式で、留守電機能があって、何なら親機の他に子機もあって、ファクシミリ機能が付いていて……。けれどもそれは、「固定電話」ではなかった。

なぜなら、「固定電話」とは、携帯電話が普及してから、携帯しない電話のことを敢《あ》えて表現するために作られた新語だからである。こうやって、もともとあった物の名称を、同ジャンルの新参に配慮して替える現象を、「再命名（レトロニム retronym）」と呼ぶ。ジャイアントパンダが一般的に「パンダ」と呼ばれるようになったせいで、もともとパンダと呼ばれていた動物が「レッサーパンダ（小さなパンダ）」と呼ばれるようになったのも再命名である。したがって、昭和の終わりに「固定電話」は存在したけど存在しなかったのだ。

## 日本での移り変わり

僕が高校生のころ（一九九〇年代後半）、巷《ちまた》ではポケットベルが流行《はや》って、ＰＨＳが出回った。猿やおじさんが宣伝したお蔭でパソコンがマニアだけの玩具じゃなくなり始め、デジカメやトイカメが市場に姿を見せはじめたころあいだ。大学生になると、携帯電話の通話料が値下がりして、ＰＨＳが淘汰《とうた》されていった。東京の大学へ地方から集まってきた独り暮らしの学生たちは、挙《こぞ》って携帯電話を持ち、自宅に「家電《いえでん》」をほとんど持たなかった。パソコン通信がインターネットになり、一家に一台のパソコン普及が現実のものとなろうとしていた。二十一世紀になるとダイアル・アップからＩＳＤＮ、ＡＤＳＬへ、やがて光回線へと通信速度はグレードアップする。白黒の液晶画面だった携帯電話は、カラー画面になり、スライドできたり、パカパカ二つ折りできるようになり、ボタンまでもが画面に取り込まれてスマートフォンというデバイスへと替わっていった。

日本でそんな変化を辿った、ここ二〇年ほどの通信関係の装置・インフラだが、それではパキスタンではどうだっただろうか。

## パキスタンでの移り変わり

思い起こしてみると、僕が最初にパキスタンに行ったのは二〇〇四年。留学をしていた首都のイスラマバードでは、もう携帯電話が使えていた。僕が最初に買ったのは、ＮＯＫＩＡ社の１１００というモデル。白黒液晶で四行表示。当時の日本の携帯電話が二〇〇万画素カメラ付きだったりしたのと比較すると性能は格段に落ちたけれど、じつはこれが僕の初めての携帯電話だった。あたりの人々を見回すと、携帯電話を持っている人も持っていない人もあって、普及しはじめの時期だったのだろうと思う。

その年の秋に、フンザ谷へ初めての現地入りした。フンザ谷は携帯電話の電波がなく、当然ながらほとんどの人は携帯電話も持っていなかった。カリマバード村の、バザールの中ほどに一軒、インターネット・カフェがあったが、谷全域で過半の時間帯が停電していたし、Windows 95で駆動していて、日本語には対応していなかった。村の、バックパッカーたちが逗留《とうりゅう》する安宿が集まっている一角の中心には、小さな商店が一軒と、ＰＣＯが一軒並んでいたと記憶している。

ＰＣＯとは、Public Call Office の頭字語（アクロニム acronym）で、私設の「公衆電話屋」である。[*1] 小さなそのブースに入ると、国際通話も可能な電話機が小さなテーブルの上に載っていて、店主がいて、小さな椅子があった。電話を掛けて、話しおわったら料金を精算して支払う。要するに、現金後払いの公衆電話である。電話交換手を必要としないのが特徴的だった。たしか、翌年だったか、一度だけそのＰＣＯから日本の実家に電話をしたことがあったのだが、料金がどれくらいになるのかも分からず、通話の音質は悪く、色々と気も漫《そぞ》ろに最低限の用件だけ済ませてすぐに切った覚えがある。

何年後だったか、カリマバード村の墓地に一斉に数基の鉄塔が建ったときがあった。それと同時に携帯電話の電波が飛び交い、通信可能になって、急速に村人たちが携帯電話を持ちはじめた。それでも電力が乏しかったので、長い停電のときには、街に出る友人に村人たちが携帯電話を預けて、用事ついでに充電してきてもらっている姿もあった。都市部でもそうだったが、特にフンザ谷などの田舎には、固定電話がそもそもほとんど普及していなくて。[*2] そんな中、電線という厄介なインフラを整えなくても使える、便利この上ない携帯電話が入ってきたので、爆発的に広まり、それと同時にＰＣＯは利用者がいなくなった。数年遅れて、川向かいのナゲル谷も携帯電話が使えるようになり、ＰＣＯが消えた。

村人たちは、ほとんどみんなが携帯電話を持った。貧しい者はとことん貧しい国なので、販売されている電話の機種も、古くて機能の少ない安い中古品から、最新のスマホまで、ピンキリである。こっちの村では若者たちがみなスマホを持ち、老人たちも誰もが携帯電話を持っている一方で、あっちの村では若者たちもまだ白黒液晶の携帯電話を使い、老人たちは持っていない、といった状況を見ることも間々あり、複雑な心境になる。そんな、若者たちもスマホに手が出ない村だけで話されている言語を、本人たちが捨て去ろうと願っているのも、気持ちは分かってしまう。

## 消えていくもの

バザールの中心にあったインターネット・カフェは、安宿地区の近くに移動して、数年後に消えた。今では安宿でもWi-Fiを備えているところがほとんどとなり、旅人たちは自前のスマホで山奥からインターネット世界へとアクセスする。旅行者の情報交換のためのノートがあちこちの宿にあったが、その文化もネット上に移ってしまい、手《て》垢《あか》の付いたボロボロの情報ノートを見ることはなくなった。電力供給は今でも安定しているとは言えないが、目に見えない通信網は確実に発達し、通信を貸していた店は死滅した。バザールで店を放ったらかして集まってはお喋りをし、カードゲームに精を出していた暇人たちは、今では店を放ったらかして集まっても、携帯電話から流れる音楽を聴き、動画サイトの動画を眺め、自撮《じど》りをしてSNSに投稿する生活になってきている。グローバル化で我々の、彼らの、生活の質は向上したはずだが、日本でもパキスタンでも、急速すぎる周辺機器の発展に、ユーザ本人らの精神の成長が追い付いていない感じがするのは気のせいではあるまい。

老人から嬰児《みどりご》まで、何世代もが一軒の家に暮らし、娯楽は少なく、夜は暗い。そんな時代には、たとえば老人の語ってくれるお伽噺《とぎばなし》や昔話が、胸を躍らせ脳内に動画を流す一大娯楽だったかも知れない。ただでさえ物語を語れる者は少なくなってしまっているが、もう今後は生まれてこないのではないだろうか。

---

＊1　パキスタンではPCOとだけ書いてある店が多いが、インドではPCOの他に、ISD、STDとの文字列も併記されていることが多い。ISDはInternational Subscriber Dialling（国際加入者ダイアル）、STDはSubscriber's Trunk Dialling（加入者幹線ダイアル）の略であり、それぞれ役割が違う。ISDは国際通話、STDは州間通話、PCOは地元（州内）通話である。表記の異なりは、もしかしたらパキスタンのほうが公衆電話サービスが遅れて広まり、最初からその三者の区別を要しなかった、などの理由があるのかも知れない。

＊2　それでも、固定電話が多少はあったので、携帯電話のことをブルシャスキー語ではモバイル *mobail* と言う単語で指す。もちろん英語の〝mobile (phone)〟の借用語である。一方でたとえば二〇一九年三月に訪れたフィジーなんかでは、固定電話の普及が全然ない段階で携帯電話が導入されたので、みんなが持ち歩いているそれをフィジー語ではテレヴォニ *televoni* と呼んでいた。フィジーでは、公衆電話を除いて、「電話」と言えば携帯するアレがデフォルトなのだ。

# 物語が紐解くは

## 物語から得られるもの

言語調査では、まとまったテキストデータを得るために、物語を語ってもらって記録することも多い。そうすることで、言語外の文化的知識なども浮き彫りになってくるし、言語資料も集まるしでメリットは多いのだが、一方で、音声を文字に書き起こすのも、それを分析するのも、訳を付けるのも、あれもこれも大変で、骨の折れる作業でもある。

物語から得られるものは多い。

たとえば単語。僕がある言語をフィールド調査するときは、最初にまず、五〇〇語の基礎語彙《ごい》を、調査票（アジア・アフリカ言語文化研究所（一九六七）に、やや手を加えたもの）に基づいて聞き出すところから始める。その後は、日ごろの現地生活で適宜、目に付いたものや思い付いた事柄の名称を聞き出していくといった感じに続く。それは、食べものだったり動物だったり気象だったりと、身近にある事物から無作為に拡がっていく感じだ。

ただし、そうやって単語を思い付くままに聞き出していくと、当然ながら偏ったジャンルの語彙が集まって、そこから零《こぼ》れ落ちた多くの部分が解らないままになってしまう。なるべくバランス良くアレコレ訊きたいとは思っていても、限界がある。そもそも、それに名称が付いていることを知らない物事の名称[*1]が、運が良くない限りはどうしたって聞き出せないのだ。

けれども、物語を聞くことで、さまざまな新出語彙に出くわすことができる。日常生活で目にしていたはずなのに、訊きそびれていたものにもさまざま気付かされる。パウゥ *phayú*「（家畜を牧草地で逃げないように繋いでおく）小さな木の杭」なんて、毎日目にしていたにも関わらず、物語で出てくるまでブルシャスキー語での名称を聞いていなかった。ゴダル *gódar*「（家の壁なんかより遥かに厚い）防壁」なんて、いまだに見たこともない。ダンラタス *dáŋlathas* という名の、恐ろしい鬼女《きじょ》に関しては、その物語を聞くまで存在すら知らなかった。

## カ・キラーヤ、バーシ・スィローン

ドマーキ語の「一匙《ひとさじ》食べろ、夜話《やわ》を話せ（*kha kiláaya, báaš silóon*）」という物語では、人食い鬼の誕生プロセスが解る。

昔、六人の兄弟が暮らしていた。兄弟は、ハサナバード村の裏山へと砂金を採りに出かけた。けれど、渓流で砂金採りをしていたところに洪水が起こり、彼らは渓流の中洲《なかす》へと閉じ込められてしまった。それから一週間が過ぎ、彼らの家ではもう死んだものとして葬式までしていた。一方、生き残っていた彼らだったが、食料が尽きてしまったので、「殴り合いをして敗れた者から殺し、食べていこう」という話になった。そうやって殴り合いをしては殺して食い、殴り合いをしては殺して食い、半年後には、最後の二人も殴り合いをして、負けたほうを殺して食ってしまった。そうしているうちに、人を食った彼は、魔物に、鬼になってしまっていた。鬼となった彼は身体能力も上がり、外へと自由に出られるようになっていた。近くの野営のテントの中に、羊飼いがいるのを見付け、襲おうと思った。ヒナー村（現在のナスィラバード村）から一人で放牧に来ていた羊飼いは、テントの中で鬼の臭《にお》いに気付き、このままでは殺されてしまうと、考えを巡らせた。彼はテントの中で、いもしない同伴者に話しかけ、複数人いるのだと思わせることにした。「まぁ、一匙食べろ。それと、楽しい話をしてくれ」。そう言いつつ、天井からラッシーの入った皮袋を吊るし、穴を開け、下に皿を置いて、ポタポタと垂れるようにした。複数人相手は面倒なので夜襲を掛けようと思っていた鬼は、物音がなくなるまで外で息を潜めていたのだが、羊飼いはテントから裏手に抜けて、村へと逃げようとしていた。やがてラッシーの音が消え、寝静まったと思った鬼がテントを襲うと、すでに羊飼いが逃げたあとだった。慌てて追う鬼。羊飼いは恐怖のあまりに口から内臓を出しつつヒナー村へと逃げ帰り、「鬼が来た！」と伝えて息絶えてしまった。村人たちは手に手に斧《おの》を持って武装し待ち構え、追ってきた鬼を殺した。六人の兄弟も羊飼いもみんな死んで、この話はおしまい。食べつつ飲みつつやってきたよ。[*2]

人食い鬼は、人を食った人が化けたものだと分かる（必ずしも全ての鬼がそうだとは言えない）。しかもこの物語は、実在の地名が出てきていて、昔話の体《てい》を取っている。つまり、ドマーキ語話者たちにとっては、昨日出会った外国人や、去年遊んだ友人、幼少期に追い回した山羊と同列である時空間の延長上で、人食い鬼も現実に存在するものとして認識できる構造になっているのである。もちろん、誰もがそれをリアルとして認識しているかと言えば

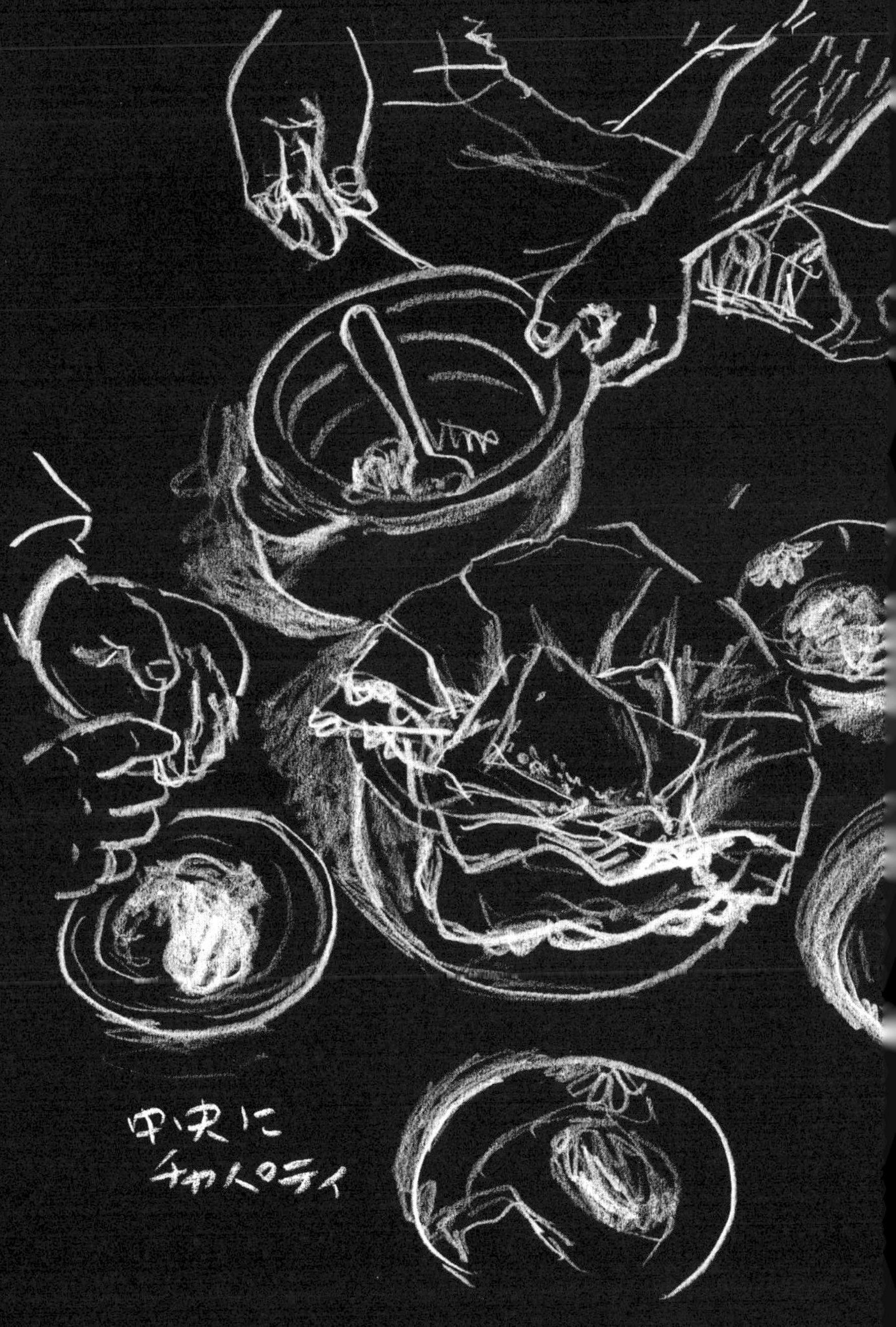
中央に
チャヘロライ

移ろう語り

そうではないが、「遠い空想世界の幻想生物」ではない鬼を持っている文化なのだと言えるのではないか。

ドマ人は、その他のフンザ谷あたりの民族と同じで、もうイスラームに改宗してから何百年と経っている。それでも、一種の民間信仰としての異形が、時にイスラームの皮をかぶりつつも存続していることが窺える。

他にも、昔から砂金採りが行われていたこと、洪水も当時からたびたび起こっていたこと、山羊の皮袋でラッシーを作るのも伝統的製法であること、恐怖のあまりに内臓を吐いて死ぬという発想、普通は人が人を食べることはないと考えていること、鬼であっても複数人相手には気後れすると考えていることなどが、この物語一つから読み取れる。

じつは、カリマバード村でブルシャスキー語を調査していたときに、「一匙食べろ（*šě khápun*）」という物語を語ってくれた者がいた。明らかに同じモティーフの話である。非常に残念なことに、HDD《ハードディスク》クラッシュと、カセットテープの紛失によって、その録音は手許《てもと》に残っていないのだが、録音しながら聞いて理解した限りの大筋は、ほとんど同じ内容であった。ただし、ブルシャスキー語版は六人の兄弟ではなく六人の友人であったし、鬼に成った者の名前が「ミーナケーチョ」というのだとも述べられていた。ミーナケーチョについて別の協力者に後年尋ねると、また全く違った話を粗筋で教えてくれた。

「一匙食べろ」の起源がどの民族にあったのか、あるいはもしかして本当にこの地域で起こった史実を、ドマーキ語やブルシャスキー語で語り継いできたのかは分からない。昔話／お伽噺《とぎばなし》の登場人物が似た特徴を持っていれば、話を混同して憶《おぼ》える者がいてもおかしくない。発生源を同じくする物語が、時代、地域、言語によってさまざまに異なってゆくのは世の常である。

二〇一〇年にフンザ谷とゴジャール（上フンザ）谷との中ごろで、大規模な土砂崩れが起き、フンザ川が堰《せ》き止められてダム湖を造り、アターバード村は湖底に沈んでカラコラム・ハイウェイは分断された。そんな自然現象ですら、数年後にフンザ谷の男衆は「アメリカの破壊工作によって、道路と村がやられた」と、変容したエピソードを語り継いでいた。ギルギット市から北上して、ダニヨール村を通過し、フンザ・ナゲルのほうへ向かってしばらく進むと、道路にアメリカとイスラエルの国旗が踏み絵さながらに描かれている場所がある。何年も、通るたびに見かけるので、頻繁に描きなおしているらしい。何らかの宗教的イベントで人々が集まって、宗教的リーダーと呼べるであろう人が演説を打つときにも、たまに

「アメリカとイスラエルは悪だ」といった叫びが聞こえてくることがある。そういった強い思いがあるだけで口伝は変化を遂げるのだという、分かりやすいできごとだったと思っている。

色々な意味で面白いと思って、その「アメリカによる攻撃」の語りを録音したいと思ったのだが、誰に頼んでも、いざ録音するとなると、尻込みして協力してくれないのが残念である。何気ない噂話やホラ話でも、言語データとしては充分に価値があるのだが。一番面白そうなそのあたりがなかなか調査できないのは、非常に残念である。

ねー、悪用しないからー。などと甘えてみても、録らせてくれない。

＊1　余談だが、僕は大学院に入るころまで、人体部位としての「甘皮」（爪の根元にへばり付いている柔らかい皮）という言葉を知らなかった。だって、そんな部位に名称があるだなんて、思わなくない？

＊2　多くの文化で、昔話の末尾を決まり文句が締めることがある。日本語では「めでたしめでたし」の他、地域差として「どんどはれ」「とっぴんぱらりのぷう」「いちごさけた」「しゃみしゃっきり」「昔ごっぽりごんぼの葉」など、さまざまなバリエーションがある。ドマーキ語では、*u khaanée piinée aíis*「私は食べつつ飲みつつやってきた」と言うようだ。ブルシャスキー語は、僕がこれまでに録音した昔話の語りでは決まり文句が出てきていないが、たとえばTikkanen（1991）収録の物語は、ドマーキ語同様に、*je (dáa) šéčume míime dáayam*「私は（そして）食べつつ飲みつつやってきた」で括られている。

# 異教徒は静かに暮らしたい

## イスラームの国の非ムスリム

パキスタンの正式名称は、パキスタン・イスラーム共和国である。その名のとおり、国教はイスラームだ。なお、隣のアフガニスタンも、アフガニスタン・イスラーム共和国である。

そんなパキスタンの北西部、ハイバル・パフトゥーンフワー州チトラール県のルンブール、ブンブレト、ビリールという三つの谷には、カラーシャ人という民族が住んでいる。人口は五〇〇〇人ほどだろうか。民族語はカラーシャ語で、谷ごとに少しずつ方言差があるが、相互理解は可能。なお、先に挙げた各谷の名称はカラーシャ語では順に、ルクム *rukmú*、ムムレト *mumurét*、ビリウ *biríu* となる。

彼らの多くは、イスラーム教徒（ムスリム）ではない。彼ら独自の多神教を信仰している。

その信仰に特別な名称はなく、仮称としてカラーシャ教だのオンジェシタ教だのと呼ばれることが多い。谷の中には、パキスタンの他地域から移住した別の民族や、その人々と結婚したり、それ以外の理由から改宗したカラーシャ人など、イスラームを信仰している者たちもいるし、徐々に増えている。

ともあれ、多神教を信仰している彼らカラーシャ人は、他の大多数のパキスタン人から見ると、「異教徒《カーフィル》 *kāfir*（كافر）」という立場になる。厳密に言えば、イスラームと同じ神を信仰しているキリスト教・ユダヤ教（これら三つの宗教をアブラハムの宗教などとも言う）は本来的に同じ宗教であるとも考えられるが、この「カーフィル」というのは、他宗教に加え、キリスト教・ユダヤ教信者や、果てはイスラームを曲解している者に対しても用いられる。そのため、和訳で「異教徒」とするのはやや語弊もある（「不信心者」のほうが近いか）が、本編では一般的な訳語であるそれを、便宜的に用いる。大目に見てもらいたい。

## 「浄」と「穢」

カラーシャの宗教には、日本の民俗神道に基づく信仰・文化との共通点もある。古くから、産穢《さんえ》（白不浄《しろふじょう》）・血穢《けつえ》（赤不浄《あかふじょう》）・死穢《しえ》（黒不浄《くろふじょう》）というのが考えられ、穢《けが》れ（不浄）は移る、祓《はら》うべきものである、ハレ（浄）の場に相応しくないといった発想が日本には見られたし、場合によっては今でも見られる。たとえば、生理中の女性が神社仏閣に詣でるのを自ら控えたりするのが、二〇一九年現在でも僕の身近で確認できた。カラーシャ社会にも浄・不浄に似た観念があり、前者をオンジェシタ *ónjeṣṭa*、後者をプラーガタ *prágata* と呼ぶ。仮にここでは、浄・穢と傍線を付して訳語とするが、清らかか汚れているかといった区別ではなく、神さまと直接関わって良いか否か、といった対立であることを頭の片隅にでも置いておいてほしい。たとえば、神さまとの交歓などを行う祝祭に、穢の者が臨席するのは禁じられている。次に示すのが、カラーシャの信仰における、本来的に浄または穢である事物の例である。

浄《オンジェシタ》：カラーシャ男性、山羊、小麦、杜松《ねず》、泉の水、ワイン、蜂蜜
穢《プラーガタ》：女性、ムスリム、鶏、月経、出産、産屋《うぶや》の女神、墓地

女性はそもそも穢であると看做《みな》されており、囲炉裏《いろり》と家の神さまの神棚との間（オンジェシタ・ワン *ónjeṣṭa wã*「浄の場」）を横切ってはいけない、カラーシャ人の生活圏内で採れた蜂蜜を食べてはいけない、コップに口を付けて水を飲んではいけない、大神の神殿に近い村などでは洗顔・散髪や女性の服の洗濯を村より下流で行わなければならない、などといった

生活上の制限がある。さらに、月経中の女性や臨月を迎えた女性は、バシャーリ（*bašáli*「女性小屋、産屋」）という川辺の小屋に籠もり、隔離された状況下、同じ待遇の女性同士で生活をする習わしがある。白不浄・赤不浄で女性を隔離した昔の日本とすっかり同じだ。

たまたま、二〇一六年の秋に調査に行った際に、出産したばかりの女性の穢れ祓いの儀礼を見ることが叶った。儀礼の名称は、「シシ・アウ *ṣis aù*」。新しく母となった女性が、バシャーリから赤ちゃんを抱えて出てきて、村の女性たちに迎えられた。村の神殿（ジェシタク・ハーン *jéṣtak han*）へと向かう道すがら、要所要所で水を用いて穢れを少しずつ落とす。神殿へ入ってから、杜松の枝を燃やして出した煙で浄化し、赤ちゃん（男児）にミニチュアの弓を持たせる。真ん中に小さな穴を開けたパン（アウ *aù*）を赤ちゃんの頭（シシ *ṣis*）に当てて、穴から出した前髪を一摘み切った。髪とパンはマハーンデウ神 *mahándew* に捧げられ、同席した男性には直会《なおらい》さながら、塩味の胡桃《くるみ》パン（こちらも「シシ・アウ」と呼ばれた）が配布された。母の穢れ祓いと、新生児の成長を祈っている儀礼であろうことは、聞かずとも理解できる。ちなみに、赤ちゃんが女児であったら、小弓ではなく、紡錘《つむ》を握らせる。それぞれ、狩猟や裁縫の技術が身に付くように、ということだろう。

## 元異教徒と現異教徒

ルンブール谷やブンブレト谷の最奥には、別の民族が住んでいる。ウルドゥー語やコワール語でヌーリスターニー *nūristānī*（نورستانی）「ヌーリスタン人」、カラーシャ語でチャトルマ人 *čátruma* と呼ばれるが、彼らの自称はカタ人 *katə́* だ。彼らの言語はカティ語。なお、カラーシャ語でカラーシャ人はカラーシャ *kaláṣa* だが、カティ語でカラーシャ人はカサウォ *kasəwó* となる。現地調査をしていると、自称と他称がずれるのが間々あって、なかなかにややこしいのだ。

このカタ人は、谷の外でヌーリスタン人と呼ばれているだけあって、アフガニスタン北東部のヌーリスタン州あたりを故郷としている民族である。今でも大半のカタ人はそちらに住んでいる。ヌーリスタンとは、「光（ヌール *nūr*（نور））の地」という意味だ。

じつは、今このヌーリスタンに暮らしている民族（カタ人、ワイ人、アシクン人、コーム人、ワシ人、ムモ人、サヌ人など）は、かつて、カラーシャ人と同じ信仰を持っていた。それが、十九世紀末、当時のアフガニスタンの国王《鉄の藩王《アミール》》アブドゥッラフマーン・ハーンの強権時代に、イスラームへの強制改宗を迫られ、全面改宗したのである。カラーシャ人は英領インド側にいたので改宗を免れたが、それ以外の民族はそれまでの信仰を手放したのだった。それまではカーフィリスタン *kāfiristān*（کافرستان）「異教徒の地」と呼ばれていた地

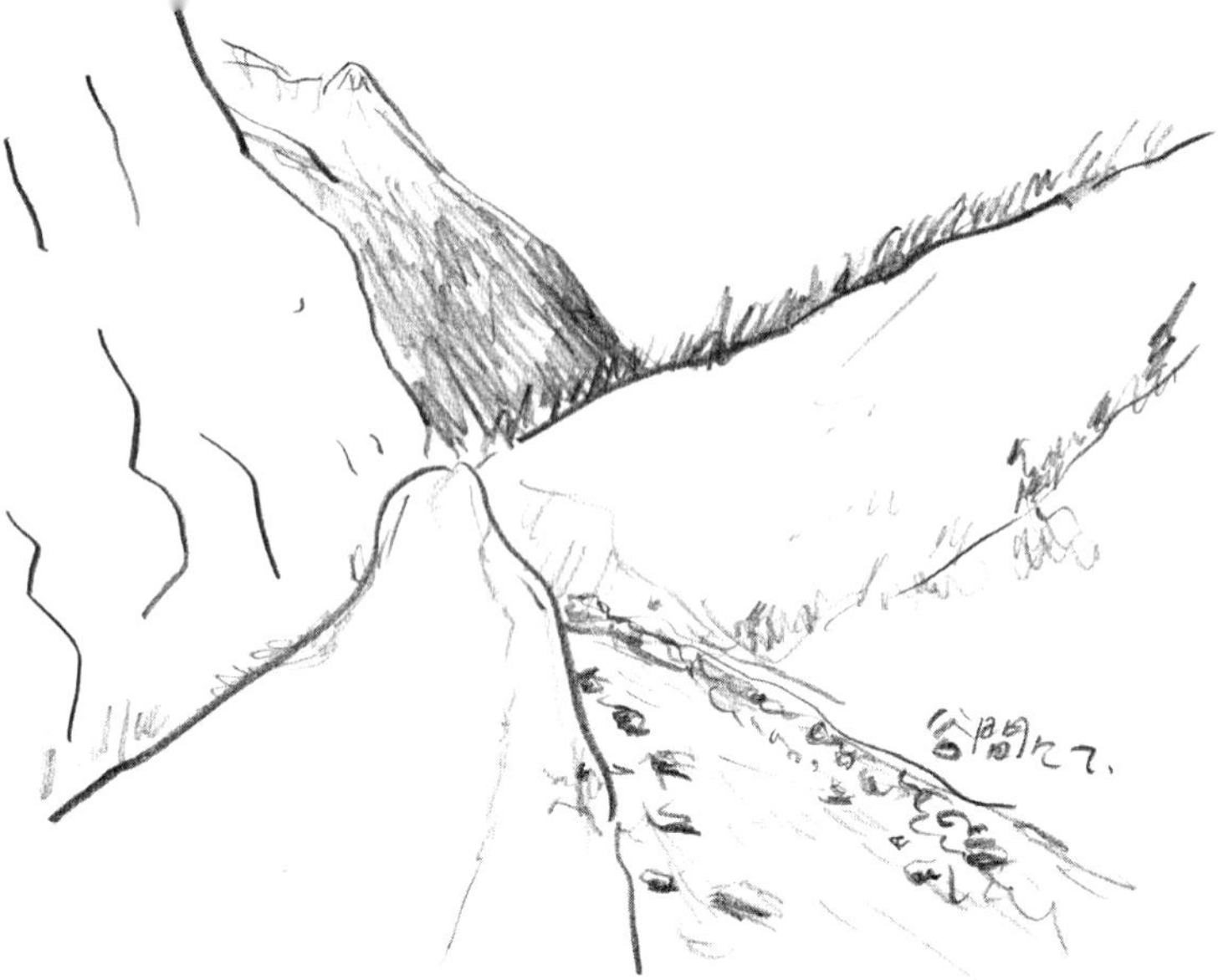


域が、蒙《くら》きを啓《ひら》かれて「光の地」となったのもそのときである。

そのため、今はもうムスリムであるカタ人の話すカティ語には、今ではもう存在しないはずなのに、ショル *šor*「女性小屋」という単語が言葉だけは残っている。カラーシャの神さまにクシュマイー *kušumaí* という、自然と豊穣《ほうじょう》の女神がいるのだが、古いカタの神さまとしてもクシャマイ *kṣəmaí* という、山羊の姿をした豊穣の女神がいたという。

一方で、カラーシャ人の崇拝している神さまの中には、至上神バリマイン *balimaín* とか、ルンブール谷の最高神サジゴール *sajigór*、先にも挙げた、契約と穢れを司《つかさど》る庇護の神マハーンデウなどがある。これらの神々は、バシガル谷からやってきた、あるいは普段はバシガル谷にいて、年に一度だけ来訪すると信じられている。カティ語の古い別名がバシガリ語と言ったように、バシガル谷はカタ人の多く暮らしているヌーリスタン東部、カームデーシ県からバルギ・マタール県にかけての大きな谷だ（別名ランダイ・スィン谷）。唯一その信仰を残している民族が、大神の出身地を山の向こう側であると言い伝えているのが、非常に興味深い。「自分たちの場所こそが本来的な中心地である！　ここが元祖で本家で発祥の地だ！」などと嘯《うそぶ》かない精神に、好感が持てる。

## 古い古い信仰

この彼らの宗教、色々見てみると、古いインド・ヨーロッパ系の宗教（からの派生物）であることが見えてくる。ルンブール谷であれば、カラーシャグロム村というところに、ジャチ *jáci* という、自然の力が神格化した精霊の祠《ほこら》というか、幾何学的な像が祀《まつ》られている。僕も、特段の願いごとがあったわけでもないのに参拝して、胡桃を奉じてきた。この「ジャチ」という名称、じつは言語学的に、インドの古典語サンスクリットで言うヤクシャ *yakṣa*（यक्ष）に遡れる。日本語で言うところの「夜叉《やしゃ》」だ。

さらには、カタ人の信仰していた創造神の一柱の名は、イムラ *ímra* といった。たとえばゾロアスター教の神話では、主神アフラ・マズダーが最初に話しかけたヒトの王の名はアヴェスター語で「輝けるイマ *yima-xšaēta*（𐬫𐬌𐬨𐬀⸱𐬑𐬱𐬀𐬉𐬙𐬀）」という。あるいはインド神話で、世界で最初に亡くなった人の名はサンスクリットでヤマ *yama*（यम）。彼は死後に死者の国の王となった。これは日本仏教の「閻魔《えんま》」である。さらにインド・ヨーロッパ語族の分布地域の北西端、北欧神話に出てくる原初の巨人の名は古ノルド語でユミル *Ymir* である。どうやらこれらのキャラクター（イムラ、イマ、ヤマ、ユミル）は、いずれも同一起源に求められるようだ。

インド・ヨーロッパ語系の祖先がかつて信仰していた古い宗教は今や駆逐され、アブラハムの宗教やインド宗教がその地のほとんどを覆っている。そんな中、権力による強制改宗の魔手もかい潜《くぐ》り、ヒンドゥークシ山脈の奥地で、イスラームに包囲されつつもひっそりと生き延びている、伝統的なカラーシャ人の信仰。イスラーム化の波を浴びつつも存《なが》らえてきていたのだが、今、急速に谷全体の観光地化が進み、外国人よりいっそう多くのパキスタン人が訪問するようになってしまった。その異文化は脚光を浴び、そして異文化性に付け込んで、露骨に嫌がっているカラーシャ女性の写真や動画を（撮影が憚《はばか》られるイスラーム女性の代替餌食《えじき》として）SNSに載せる連中も増えてきた。

研究者とは、どうしても稀少な存在をありがたがってしまう生物である。その生態に逆らわず、そして地元で聞こえた困惑の声に便乗して、宗教学者でも人類学者でもないのに、どうかその信仰の火を絶やさないでほしいと願ってしまう言語学者の僕だ。

# ブルシャスキー語の父(笑)

## パキスタンの「言語学」

近年になって多少は変わりはじめてきてはいるが、基本的にパキスタンの大学には、「言語学」という学問自体が存在しなかった。「言語学コースがある!」と標榜《ひょうぼう》していても、実際には語学か文学かなので、信じてはならない。特に、言語学の蓑《みの》をかぶった文学が跋扈《ばっこ》しているので、パキスタン人の「言語学」に対するイメージは、「言語学者なら詩をたくさん知っているだろう」みたいな、電子レンジを開けたら洗濯された財布が冷たくなって出てくるような異次元世界の話であり、業《ごう》の深さに唖然《あぜん》とするのである。

隣のインドは多言語容認を掲げている国家なので、少数言語への関心も高く、言語学もかなりしっかりとあるが、パキスタンはイスラーム国家であることが「災い」したのか、少数

## 飛んでもナッシング

言語放棄での国家統一を目指した嫌いがある。好い加減な肌感覚の推測を言えば、多様性を国是《こくぜ》とするか単一性を求めるかというこれが、多神教を抱えた多宗教の国と一神教を実質的国教とした国との違いなのだろうか。

ブルシャスキー語の調査に行きはじめて最初のころ、フンザ谷・ナゲル谷の色々な人に頻《しき》りに紹介された人物があった。その人物自身が自分の名前の表記を転々とさせていて面倒なこともあり、ここでは議論をしたいわけではないので、彼の実名を挙げるのは避けるが、その人物は「ブルシャスキー語の父」という二の名を頂いた、フンザはハイデラバード村出身の「研究者」で、どういう経緯があったのかは分からないが、遥か南の大都市であるカラチにあるカラチ大学に附設という形で、ブルシャスキー語研究アカデミーとやらを設立し、責任者となっていた。まぁ、事前にその人物の存在は知っていたのだが、ここまで地元で完璧な信頼を得ているほどだとは考えていなかった。

地元の彼らの論調は、「彼がブルシャスキー語に関しては研究し尽くしている」というものので、「ある言語を研究し尽くす」可能性があると考えている時点で、言語学的には「ない」。しかも、「だから、彼に会えば何でも教えてくれる」という発想で面会を促してくるのだが、ここにはそもそも研究というものを理解できていないということが窺える。シンプルに言えば、研究は「教えてもらう」ものではない。

けれども、そんなにも言うのであれば、一度会ってみてやっても良いかも知れない。そう思って、二〇〇四年十二月下旬、ちょうどクリスマスの時期に、当時留学で滞在していたイスラマバードから、カラチへと飛んだ。事前にそのアカデミーの職員に連絡を取っておいて、訪問する。アカデミーでは歓迎を受け、あれこれ出版物（数冊）を頂戴したり、紹介されりした。どうにも、有無を言わせぬ「我々はこんなにも素晴らしい『研究』をしているんだぞ、凄いだろう」感が溢れていて、とても引いた。まぁ、アピール主義は南アジア全体に見られる傾向だが。しかも噂の「ブルシャスキー語の父」は不在で、会うことも叶わず。がっかりした僕は重い足取りでモンスーン気候の暑い暑いクリスマスに、アラビア海までフラフラ散歩をしたのだった。[*1]

さて、貰《もら》った幾つかの出版物（大半はブックレット）に目を通したが、「うぅ〜ん」と否定的に唸《うな》るくらいしかできない。頒布範囲が非常に狭い出版物しかない時点で、推して知るべしであるし、具体的に言いはじめたらキリがないものだけど、たとえば、独自の「ブルシャスキー文字」なるものを作って使っているのだが、ウルドゥー文字を改良したもので、短母音の表記ができなかったり、ウルドゥー文字では意識されていた子音の体系性が表記上で無視されていたりする。全ての出版物でそれを使っているわけでもない。辞書を作っていたりもするが、動詞の見出しに統一性がないし、頭文字（語頭音）順に愚直に並べると問題が多い言語なのだが、頭文字順に愚直に並べている。結局、総じて評せば、言語学的な記述とは程遠い、思い付きの羅列の撒き散らし、単なる自己満足なのだった。

## 信仰のシステム

あとから調査地で、「父」を崇拝している連中の話を聞いてみたら、彼らもちゃんと出版物を読めているわけではなく、実際に自分たちが話している言語との乖離《かいり》に気付けていなかったり、誤読のまま妄信して、自分の話しかたを「正そう」としていたりだ。弊害がデカい自己満足なんて、公害でしかない。けれども、血気盛んで若かった僕が「あいつは間違えている」だのと吠《ほ》えようものなら、彼らは頑張ってそれを否定し、「『ブルシャスキー語の父』が間違えるはずがない。お前はマトモにブルシャスキー語を喋ることもできないのに、難癖を付けるのか」となる。片言《かたこと》の奴の一瞥《いちべつ》ですら分かるダメさなんだからこそ、ダメなんだよなぁ。

それでも、その人物は「ブルシャスキー語の父」の冠をかぶりつづけ、著作物や主張を理解できない地元民たちは、相変わらず何彼《なにか》と言えば偉人な人物として彼を讃《たた》えなおし、そうやって「父」の父性が再生産されつづけ、彼らの耳は塞がれつづけていた。パキスタンを含む南アジアは、徹底的な権威主義の世界だ。ひとたび権威付けられた者は、そうそう失墜することがない。[*2]狂信者の塔のてっぺんで、悠然と下界を眺めるのみだ。

もちろん、ネイティヴ・スピーカーの直感はバカにできない。きっと、彼の著作にも何かしら光る部分が、ともすれば、頑張って探せば、辛《かろ》うじて、見付かる可能性も全くないとは言いきれない。もうちょっと努力して言語学の「げ」の字でも知ってくれればと願う。[*3]ここ一〇年ほどアカデミーの活動は、ブルシャスキー語ウルドゥー語辞書なるものを編纂《へんさん》しはじめて、世に刊行することに注力している。第一巻は手に入れられたが、数年後に出たという第二巻は、ほとんど市販もされておらず、もはや幻のようなものだ（一度だけ、フンザ谷で、個人所有の現物を見たことがある）。自信があるなら堂々と出版すれば良いのに、どうして販路を狭めて広い目を避けるのか。そういうあたりに対しても、真面目に研究する非ネイティヴとしては、憤懣《ふんまん》が溜まる。

## 研究者に欠かせない資質

研究というのは、フェアネス（公平性）が何よりも重要だ。もちろん、意識の有無にかかわらず、ある程度は自分に損益のないようにと内証《ないしょ》にしておく部分もあるだろうけれども、フェアネスが担保されなければ議論はできないし、信用もできない。狂信者を引き連れて、単なる数の暴力で虎然《こぜん》と威張り散らすキツネは最悪である。公表した研究に対して突っ込まれてから、「じつはこういうデータがあって」と後出しジャンケンするのは卑劣でしかなく、先出しジャンケンで勝っていくのが一番真っ当な研究であろう。むろん、人は間違いを犯すので、それをあとから修正するのも許されるべきだが、その修正もフェアに論文などとして公表するものだ。個人的には、そのフェアネス精神を持たない者を研究者とは呼べない。

近ごろは、ようやくパキスタンの大学に言語学の芽が萌えはじめてきている。まだまだ「言語学」の皮をかぶった文学や語学であることも多いのだが、それでもうっすらと光が差しはじめたのを覚える。新しい小さな大学のほうが、権威の傘が落とす影を持たない分、ちゃんとした言語学を目指せるのかも知れない。だが、どうしても国内から人を集めて教授陣を構築しようとする以上、非言語学畑の「言語学」者が雇われてしまうのは止められない。

僕が、英語が苦手なのにもかかわらず、パキスタンの大学から、言語学に関する博士論文の審査を依頼されたのを引き受けたのも、その博士論文を書いた研究者が現在所属する大学の論文出版委員会に列席するのを引き受けたのも、何とかパキスタンの言語学の萌芽《ほうが》を枯らしたくないからである（※パキスタンの大学は英語が教授言語）。

研究が進んでいない埋もれた少数言語で、第二第三の「父」が生まれてしまう前に、どうにか言語学が根付き、育ってほしいと願うばかりである。

＊1 余談だが、落胆すると、フラフラと散歩をするのが僕の癖なのだ。過ぎし二〇一三年十一月十四日、東京から大阪まで就活の面接に行き、面接のやり取りに「無理だ……。僕が面接官なら落とす」と絶望して、憮然《ぶぜん》としたまま帰り道に岐阜の柳ヶ瀬《やながせ》商店街をフラフラした（木曜日で多くの店が定休日だったのも切なさに拍車を掛けた）のも記憶に新しい。なお、翌年四月から大阪府民になって久しい。そういうことである。

＊2 どうやら二〇一七年一月に「父」は亡くなったらしい。結局、その権威を失うことはなかった。

＊3 何という有文字言語的な表現だろうか！

# ドマーキ語
## Domaaki

ドマーキ語フンザ方言の基本フレーズ
（“ ´” の母音を高く発音する）

「私の名前はノボルだ。」
メイ・ノーム・ノボル・チャ
*mey nóom noború čha.*

「君の名前は何だ？」
テイ・ノーム・キセク・チャ
*tey nóom kísek čha?*

「どうもありがとう。」一人に／複数に
トゥシュ・ブーテク・ジュー ／ トゥメチュ・ブーテク・ジュー
*túšu búuṭek júu. / tuméču búuṭek júu.*

「調子はどうだ？」
キー・ホー・チャーイ
*kíi hóo čháay?*

「元気だ。」男性／女性
ショーナ・チース ／ ショーニ・チース
*šooná čhíis. / šooní čhíis.*

「また会おう。」
ノオ・トゥムク・ホーム
*noó túmuk hóom.*

「ドマーキ語で何て言うの？」
ドマーキーナ・キセク・ムネンゲ・チェ
*ḍomaakíina kísek munéŋe čhe?*

・インド・ヨーロッパ語族　インド・イラン語派　インド語派　中央グループ
・ドマ人 *ḍóma* の民族語
・話者は 100 人を切っていると思われる
・パキスタン　　ギルギット・バルティスタン州
　　　　　　　　　フンザ県　フンザ谷　モミナバード村
　　〃　　　　　　ナゲル県　ナゲル谷　ベディシャル地区
・自称言語名はドマーキ・バーシ *ḍomáaki báaṣ* など：(*báaṣ*「言語」)

＊

2005 年から調査。

男性名詞、女性名詞の別があるが、複数形ではその区別が失われるので、名詞の区分としては男性単数、女性単数、複数と分けるのが簡単だろう。格接尾辞《かくせつびじ》の多くが、単数か複数かで別の形式になるあたりは、ブルシャスキー語などと異なる。 マニシ *maníš*「男」、マニシャシュ *manišášu*「男に」、マニシェイ *manišéỵ*「男の」；マニシャ *maníša*「男たち」、マニシェチュ *minišéču*「男たちに」、マニシェンゲ *manišéŋe*「男たちの」など。

不定単数を示す接尾辞と、不定複数を示す接尾辞とがある。前者は東のカシミーリー語、バルティ語（シナ・チベット語族チベット語派）や、シナー語などにもあると言うが、後者はドマーキ語とブルシャスキー語とでしか確認できていない。不定単数接尾辞は男性名詞と女性名詞とで異なる。たとえば、マニシェク *maníšek*「ある男」、マニシャーレ *maníšaare*「ある男たち」など。

動詞の直説法活用形が、未完了アスペクトか、自動詞の完了アスペクトか、他動詞の完了アスペクトかによって、別の接尾辞セットを用いる。例を示せば、未来形の自動詞ベーシャース *beeš-áas*「私は座る」、他動詞イラース *ir-áas*「私はする」は同じ接尾辞だが、単純過去形の自動詞ベーティス *beeṭh-ís*「私は座った」に対して、他動詞イリム *ir-ím*「私はした」は異なった接尾辞が使われている。

ブルシャスキー語やシナー語からの影響が甚《はなは》だしい。同じインド語派中央グループに属している、ウルドゥー語やロマニ語などと似た語彙《ごい》が散見される。

## ドマーキ語

# 諺も消えた

### いつ言語は消えるのか

言語の消滅を実際に語るときに、どのタイミングで「消滅」と呼ぶのかは、なかなか難しい問題がある。日常的に使われなくなったタイミングと、話者がいなくなるタイミングとがずれることも多い。

言語Aを話せる者が減る。ではコミュニティ内の別の人々は何も話さないのかと言えば、そうではなく、別の、言語Bを話している。やがて大多数が言語Bに乗り換えると、コミュニティ内にまだ少しばかり残っている言語Aを話せる人も、頑張って言語Bを話しはじめるだろう。この時点で日常使用が終わっているのだが、言語Aを話せる人は残っている。

あるいは、言語Bが優勢になっても、言語Aを話せる人が言語Aを話しつづける可能性もある。そうなったとして、言語Aが使われなくなるタイミングはいつかと考えると、その話者がゼロになったとき、いいや、話者が一人になったときである。言語は普通、独りでは使われない。そしてやはり、言語Aを話せる人はそのタイミングではあと一人残っている。

　話者がゼロになったとき、というのも、明白なようで曖昧である。上記のような状況があったコミュニティでは、最後の一人と思われた話者が亡くなった時点であっても、言語Aを話せないと称する人の中にじつは、聞けばある程度分かる人とか、片言《かたこと》でちょっとした作文ならできる人などがありうる。「話者」とは何か、という問題である。流暢《りゅうちょう》に話せる人を「話者」としてカウントする、などと言い換えてみても、では「流暢に話せる」とはどの程度のことを言うのかという、別の問題が玉突き事故のように発生する。言語能力テストをするわけにもいかない。

　さらに、昨今の社会状況下では特に、第一言語は別の言語Bや言語Cなのに、言語Aをあとから学習する者などが出てきたりもする。かつての「自然な」言語のありようでは、消滅に向かった言語を別のコミュニティの出身者が身に付けようだなんて酔狂な真似、まずしなかったであろう。けれども、危機言語への関心が高まったり、社会に余裕ができたために語学マニアと呼ばれるたぐいの人々が生じたり、色々な理由から、消滅しそうな言語を習得するということが起こっている。卑近な例を挙げればアイヌ語がそういった状況にあるだろう。[*1]そんな中で言語Aの本来のコミュニティの話者がいなくなったとして、別のコミュニティの学習者がそれなりに流暢に言語Aを話せていたら、その言語は果たして、存続していると言えるのだろうか。

仮に僕のドマーキ語運用能力がこれからさらに向上して、ネイティヴも驚嘆するくらいに話せるようになったとし、モミナバード村やベディシャル集落のドマ人たちの誰もがもう話すことをやめた場合に、別文化の日本で暮らす別出自の日本人の僕がドマーキ語の最後の話者だと言い張れるのだろうか。

言語は使われることによって、日々、常に変化しつづけている。新語・流行《はや》り言葉は生じ、廃語《はいご》（死語 dead word）・廃《すた》れ言葉は消える。隣の言葉に影響されて、話しかたが似通ったりもする。言語Aがどんどんと言語Bに影響されつづけ、文法規模で特徴を失ってゆき、やがて合流してしまうということもあるのかも知れない。京阪神《けいはんしん》の方言は少しずつ異なるが、段々と均質化していっていないだろうか。いずれは「関西方言」として一つになってしまわないか。その場合の、京都方言・大阪方言・神戸方言は、死語（dead language）ならぬ死方言となると言えそうである。そうやって、ひっそりと死んでゆく言語というのもあろう。

## ドマーキ語の場合

言語のなくなりかたは多様である。

ドマーキ語を調査していて、ある日、あることに気付いた。

——諺《ことわざ》がない。

僕がこれまで見知っている限りでは、どんな自然言語でも、諺とか比喩、言い回しのたぐいというのが、多かれ少なかれ存在している。もしかしたらそういうのを最初から一切育んできていない言語というのも、どこかに存在しているかも知れないが、寡聞《かぶん》にして存じていない。管見の及ぶ限りでは見たことがない。

けれども、ドマーキ語ではこれまでに一つも諺が採れていない。

もちろん、調査のやりかたが下手糞《へたくそ》で、巧いこと引き出せていない可能性というのも考えられなくはない。けれども、ブルシャスキー語でも、カラーシャ語でも、シナー語でも同じやりかたで聞き出せているのに、ドマーキ語だけそれが失敗しているとは、ちょっと考えにくい。

一人の協力者が、何とか脳内から搾り出したドマーキャ語の諺があった。しかし、それらをよく見てみると、全てがブルシャスキー語の諺にも同等のものが存在し、ドマーキ語に逐語《ちくご》訳《やく》しただけのもののようであった。

◎ドマーキ語の諺（?）とブルシャスキー語の諺（※訳は共通）

ド：*ni-kooí, kooíi-ta aná peyéa*

ブ：*apíraq, biráquma-ke úlo guwáljuma*

「掘るな。掘ったら、お前が中に落ちるぞ」（人を呪わば穴二つ掘れ）

ド：*maphéerey šaldá, juáaney baldá*

ブ：*mapéere šaldá, juáane baldá*

「老人の指示、若者の重荷」（老いの繰言《くりごと》、若きには退屈）

ド：*ya phaṭás buqpá ni-hó*

ブ：*as pháanumaṭe buqpá oóman*

「心が破裂したからニンニクになるな」（不機嫌なので臭《くさ》く（五月蠅《うるさ》く）するな）

どれもが、完全に語句が対応しているのだ。（言語学的に不可避のズレはあるが）当然ながら、これらがもともとドマーキ語の諺としてあり、それがブルシャスキー語に翻訳、導入された可能性だってゼロではない。けれども、この地域で威信的なブルシャスキー語に、ドマーキ語から都合良く諺ばかりが借用されるとは、どうにも考えがたいものである。

## 見えにくい重大な喪失

使用の機会が減ったドマーキ語は、着実に消滅への歩みを進めている。単語が多くブルシャスキー語やシナー語と共通しているのは、長い時間を掛けての借用であろうと思われるし、数少ない物語の中には、ブルシャスキー語圏・シナー語圏で耳にしない、ドマ人オリジナルであろう話もある。けれども一方で、諺のたぐいがすでに失われてしまっている。なかなか表面には出てこない部分の変化ではあるが、言語を生物に擬《なぞら》えて言えば、臓器が一つ不全になった程度に深刻な消失であるように思われる。言語の潜在的表現力は無限大だが、語彙《ごい》の一部としての常套《じょうとう》表現の豊かさは有限だ。知恵を後世に伝えるための含蓄の結晶である、諺。その手段が全く失われたことによって、ドマーキ語の伝承は、すでに幾分か欠損《けっそん》してしまっている。目に見えての話者数減少という事態の裏側で、話者の中でも言語知識が、知ってか知らずか、先細ってきているのだ。

次は、何が消えるのか。

＊1　一例を挙げれば、過ぎし二〇一九年三月二十一日には、札幌市の地下鉄南北線さっぽろ駅構内に、アイヌ文化を発信する空間「ミナパ（minapa）」がオープンした。ここには、アイヌ語で天気予報情報を表示するモニターなどもある。ミナパ *minapa* は、アイヌ語で自動詞ミナ *mina*「笑う」に複数動作接尾辞 *-pa* が付いた語で、「（多くの人が）笑う」の意。他にも、二〇一八年には、北海道内の数箇所の路線バスで、アイヌ語アナウンスも始まったと聞く。

# インドへ行って、引き籠もりを余儀なくされる

## 危険は避けたい

調査地がやれパキスタンだ、やれカシミールだとなると、短絡的に「危険で物騒でヤバいところが好きな危ない人なんですね？」と見積もってくる人というのが、ある程度の割合で常にある。

何なら研究業界やその周辺ですらそういう嫌いがあって、それが厄介な話になるのが、「外務省が退避勧告を出している地域には調査に行ってはいけない」というローカルルールを組織が強要してくるあたりである。誰だか知らないけど外務省の中で危険度（笑）を漫然と判定している人間より、研究者のほうが断然現地の情報を熟知しているし、自分と関係のある限られた地域の情報に関して常に更新しつづけているのだから、そんな研究者が行きた

いと願う場所へは、自由に行かせてもらいたいものである。

誰だって、マトモな者であれば、死にたくて調査地を選んだり、冷や汗一杯の危機一髪譚《たん》を語りたくて調査に出かけたりなんてしない。少なくとも僕は、危険なところへは極力行きたくないし、危険な目に遭ったらもう二度とその土地に近寄りたくもないと思う。

これは、そんな弱虫の僕が、初めてインドへ調査で行ったときの話。

## ブルシャスキー語インド方言

それまでパキスタンの北東部で調査をしていたブルシャスキー語であったが、インドのJK州で話されているとの噂も聞いていた。噂を聞いていたと言うか、博士論文を書いている最中に見付けた論文が、表題からしてそう言っていた。JKと言うのは世のオジサンたちが大好きだとマスメディアが決め付けたがる女子高生のことである。というのは常識《J》的《K》に考えれば解るとおり、この場面では違う。ジャンムー・カシミール州（Jammu and Kashmir）である。

カシミールと言うと、インドとパキスタンと中国とで領土争いをしていて、今でも停戦ライン越しに銃撃戦をしたり、越境ゲリラをしたりしている地域である。広義のカシミールには、パキスタンでのブルシャスキー語が話されている地域も全て含まれ、パキスタンが実効支配するギルギット・バルティスタン州（Gilgit-Baltistan）、アーザード・ジャンムー・カシミール州（Azad Jammu and Kashmir）、インドが実効支配するジャンムー・カシミール州、そして中華人民共和国が実効支配するアクサイ・チン盆地（Aksai Chin）などが該当する。カシミア毛織物の原材料を生産するカシミアヤギも、もともとカシミール地方に多くいたからそういう名前になった。インドの地図ではその地域全部がインド領にされているし、パキスタンの地図ではほぼ全部パキスタン領にされている。インドで開催された国際学会でブルシャスキー語について発表するときに、「パキスタン北部で話されている」と説明したかったのに、インド的にはあの地域はインド領扱いなんだよなぁと思ってモゴモゴした。そんな地域である。

いやしくもブルシャスキー語研究者として長年やってきている僕なので、そんな噂を聞いたら調査に行きたくなる。

少数言語の研究など、自分以外にその分野に手を出している者がいないといった場合に、一部の研究者は保身に走ることがある。学界的にはそれはとても宜しくないのだが、人間味と言うか独占欲と言うか何と言うか、まぁ気持ちは分からなくはない。先述の、件《くだん》の論文を読んでみたが、ＪＫ州のスリナガル市内で話されている、という以上の情報が書かれていないなかった。研究者であるという著者に直接連絡を取ってみたが、のらりくらりと話を逸《そ》らされて、具体的なコミュニティの場所を教えてくれない。しかたなく、その保身に走ってしまった研究者から引き出すのは諦め、手を尽くして断片的な情報を集積し、どうやらスリナガル市内のカティ・ダルワーザだか、ボタ・ラージだかという居住区で話されているというところまで判った。

そこまで判ったなら、もう現地へ向かったほうが手っ取り早い。Google Mapsをググってもよく分からないし。そう思って、スリナガル調査の敢行を決め、チケットと宿の手配をした。二〇一六年七月八日のことだった。八月十三日から九月十三日までの、丸一ヶ月の調査だ。その期間中に、①当該地区を見付け出し、②ブルシャスキー語を話しているかを確認し、③インフォーマントを見付け、④調査をある程度するのが目標だったが、そもそも初のインド国内での調査だったので、どこまで順調に事を進められるかすら予測できなかった。パキスタンの隣国で、七〇年くらい前までは同じ国であったインドとは言え、どこまでパキスタンでのやりかたが通用するかは分からない。「何とかなるさ」的なポジティヴな予測は避けたほうが良い。

## インド側カシミールの実情

カシミール地域は、平たく言えばインド国内でも特別酷い扱いを受けている地域であり、たとえば軍が市民を（意図的に）殺しても罪に問われないという露骨な人権侵害を許す、軍事特別法（AFSPA）というのが永続的に罷《まか》り通っている。通信もこの地域だけのシステムで運用されていて、問題が起これば即座に固定電話・携帯電話・TV・ネット回線が通信不能になる。僕は社会問題や歴史問題の専門家ではないし、ジャーナリストでもなければ調査もパキスタンが中心なので、詳細は書かないし書けないけれども、ちょっと調べただけでも異常さがはっきりと解ったので、詳しく知りたい方はちょっと調べてみてほしい。

何でそんな状況に置かれているのかと言えば、分離独立でインド側になったにも関わらず、この地域に暮らす人々は過半がイスラーム教徒で、何なら州の実際的な公用語もカシミーリー語の他にウルドゥー語（パキスタンの国語でもあり、アラビア系文字を用いる）が入っているほどであるということと関係があろう。インドは多宗教国家であり、多様性を認めるという話であったはずだが、特に近年は、国内のヒンドゥー化、ヒンドゥー優遇政策が加速しており、それを津々浦々まで浸透させようとしている動きがある。イスラーム教徒なのにパキスタンに帰属できなかった上、さらにどんどんと肩身を狭められては堪《たま》らないだろう。しかも、上に述べたような不当な冷遇を処されている。住民はインドから独立を願う（今や、特にパキスタンに入りたいわけではなくとも）。そうすると締め付けはさらに厳しくなる。さらなる不遇に脱インドを求める。そういう負の連鎖で、カシミールは永続的に苦しんでいるのである。

とは言え、ずっと揉《も》めつづけてはいるが、近年はそう目立った動きがあるでもない。武装者（militant）集団と軍警察との紛争があるだけで、一般人は（表面上）平和に暮らしている。

そう思っていた。

## 勃発した大騒動

奇しくも、僕がチケット・宿を取ったちょうどその日の夜（日本時間）に、州警察と軍下組織の作戦で、ある闘争組織のリーダーが、スリナガル市から一〇〇km弱離れた地域で殺害された。ヒズブル・ムジャーヒディーンの、ブルハーン・ワーニー（享年二十一）である。

このリーダーはソーシャル・メディアも有効活用し、庶民派な素顔を見せつつ展開されるその活動からもともと有名で、人気だったのだが、若くして殺されたことによって、「英雄」となってしまう。翌日の葬列には約二〇万人もの市民が押し寄せたとも言われ、一部では軍警察との衝突が生じて、そのときだけでも一〇名の市民が殺害された。その後も、抗議のために市民が投石をし、それに対して武装した軍警察が実銃の発砲、殴打、装甲車の出動、催涙弾発射、スタン・グレネード投下で懲《こ》らしめるという衝突がインド側カシミール全土で頻発。軍警察はさらに、ペレットという散弾を放つ銃で目を潰すのを常套《じょうとう》手段としていて、デモ参加者を手当たり次第に失明させてくる。報道機関が軍警察の襲撃で停止させられた。相手がイスラーム教徒であれば、これ幸いと、何かしらの因縁を付けて拷問したり、略奪したり、軍警察はやりたい放題。国際人権団体であるアムネスティ・インターナショナルが声を上げれば、逆に反政府的との廉《かど》で告発されもした。七月十五日には、ＪＫ州カシミール郡全域に外出禁止令が布《し》かれた。

さて、8月から調査に行く予定だった僕はと言えば、じつはしばらくの間、そんなに事情を把握していなかった。チケットや宿を手配するまでに、スリナガル市の状況をちゃんと調べて、「ふむふむ、なるほど。分かった」となっていたので、油断していたのかも知れない。いや、まさか、手配した日に状況が一変するだなんて、想像しろと言うほうが無茶な話ではないか。

と言いつつも、やっぱり「危険で物騒でヤバいところ」と評判のパキスタンの隣国であるインドなのだから、現地情報チェックはする。七月下旬、ＡＦＰ通信のネット記事で、カシミールの衝突の情報を発見したのだった。外出禁止令が出ているという情報も記事内にあったが、パキスタンで外出禁止令を経験している身としては、そう長くは続かないものであろうとの予測が立てられた。何せ、外出できずに生活をするとなったら、多少の備蓄があっても一週間くらいでもうカツカツだろうからだ。調査に行くのは約一ヶ月後。それまでには今回の騒動も治まるだろう。そう思っていた。

読者のみなさんは、二〇一六年からインドのカシミールでそんな問題が起こっていたことすら知らない人がほとんどなのではないだろうか。何せ、日本では全くと言っても過言ではないほど報道されていない[*1]。ヨーロッパやアメリカのテロだのデモだのは、何なら国内ニュースを差し置いてでも報道したがる日本のマスメディアだが、イスラーム圏内のテロだの事件だのには、わざとなんじゃないかと思うほど無関心だ。そして、英語の苦手な僕は、できるだけ日本語の記事から情報を集めたいのだ。だから、その後にカシミール関係の情報が全然来なくなったのを見て、調査をキャンセルしなかった。

## そしてインドへ舞い降りた

八月。英語記事で外出禁止令が継続していることを知り、毎日暗澹《あんたん》たる気分になりつつも、その日を迎えた。八月十三日、関空⇒ニューデリー。翌十四日、ニューデリー⇒スリナガル。

空港へは宿のオーナーが手配した車（有料）が迎えにきてくれていた。車で真っ直ぐ、宿へ向かう。初めてのスリナガルだったが、車窓に歩行者はほぼない。疎《まば》らに車が通行している。路傍には装甲車がちょくちょく停まっていて、軍人とも警察官とも判別できない人々がライフル片手に歩哨《ほしょう》に立っている。ガチで外出禁止令が効いているのだ。

宿に着くなり、オーナーが言う。

「よく来た。いいか、すぐ近所に小さな商店があるが、お前はそこまでしか出歩いてはいけない。その先には通りがあって、そこはもう外出禁止令《カルフュー》（curfew）だ」

英語で“curfew”と言えば本来は夜間外出禁止令のことだが、南アジア英語でこの単語は、何も形容を付随させなければ基本的に、昼夜の外出禁止令のことを指す。すでに一ヶ月続いている外出禁止令。スリナガル市は、市の中心部にダル湖という大きな湖があるし、周辺にはスキー場なども多く、さらには仏教圏のラダック地方へ向かう旅行者の中継点でもあるので、外国人客も多く来る観光地である。ボッタクリの横行しているボートハウスの客引きが鬱陶しいほどいることが、外国人観光客の多さの傍証《ぼうしょう》である。なのに、夏の書き入れ時を潰す形での禁令で、経済的にも体力的にも精神的にもカシミールの市民は追い詰められていた。外部との通信も断絶しているし、頻繁に道路が封鎖されて生活必需品を含む物資も来たり来なかったり。想像以上に厳格な封鎖が、予想以上に長く続けられていた。

電気供給も安定せず、通信もできず、できることと言えば、暇潰しに持ってきた書籍を読むことか、オーナーが毎日くれるウルドゥー語新聞を読むことか、厳戒態勢が多少緩められる早朝にオーナーと連れ立って、彼の許す地域内だけを散策することくらい。オーナーの暇な時間を貰《もら》って、予定にはなかったカシミーリー語の調査も試みたが、インフォーマント適性の低い人だったので、捗々《はかばか》しくもなく。それでも、裏道すら出歩けないダウンタウンとは異なり、宿のあたりは最も禁止令が甘い地域で、たまにちょっとだけ外出が許されることもあった。禁止令が解かれる直前に衝突が起こって、解除キャンセルになったりもしたし、外出するにしても必ず、心配性のオーナーを一緒に連れていかなければならなかったのだが（これを僕は、オーナー禁止令と呼んでいた）。

調査をしたかったカティ・ダルワーザは、ダウンタウンの一部。何があってもオーナーが接近を許してくれない地区だった。ボタ・ラージという地名は、彼に聞いても知らないとのことだった。そんなこんなで、調査目的のブルシャスキー語に全く触れられないまま、半月が過ぎ、八月が終わりを迎えようとしていた。日本で休日に、日がな一日家から出もせず、だらだらごろごろと過ごすのは甘美だが、仕事をしに遥々やってきて、宿に軟禁された状態で過ごすのは苦痛でしかない。再開したネットも不安定だし、電気も来たり来なかったりで、引き籠も（って論文なり何なりを書いたり作業したりす）るにも環境が悪かった。

そして、スリナガル市内全域の外出禁止令が、八月三十一日に解除される。

## 体当たり訪問

危険だとオーナーは警告したが、僕は、一も二もなくカティ・ダルワーザへ向かった。向かう途中で投石デモが始まり、前門のデモ、後門の軍警察となって冷や汗をかいたりもしたが、何とか辿り着く。カティ・ダルワーザは、「門《ダルワーザ》 *darwāza*（دروازه）」と称すだけあって、近くのハリ・パルバット城の城郭門の一つだった。居住区の名前ではない。ならば、ボタ・ラージというのが居住区名だろう。外出禁止令が解除されたとは言え、誰かに聞こうにもあまり人影がない。虱《しらみ》潰しに近隣を巡ろうかと、門を潜《くぐ》ってわずか歩いたところで、ふと振り返ったところの煉瓦《れんが》塀に、こんな落書きを発見した。

「BOTA-RAJ COLONY →」

まさかのボタ・ラージである。矢印の指し示す先へ、坂道を登って行くと、青年が道端にいた。「ボタ・ラージはここか？」と尋ねると、「ここだ」と答える。手順を間違えている気もするが、偶然の発見でいきなり辿り着けた歓喜になかばパニックだった僕は、続けて、フンザ谷のブルシャスキー語で「ブルシャスキー語は話せるか？」と尋ねた。青年はきょとんとしたあと、途端に相好を崩して「おいおい〜、お前何者なんだよ〜！」と僕の肩を叩き、周囲の連中を呼ぼうと声を張り上げだした。

凄いぞ！　ブルシャスキー語話者の集落は本当にあったんだ！

思わずのパズーである。

## 見えた道筋と見えない光明

半月もの引き籠もりを余儀なくされたが何とか集落も見付け出せたし、目の前で催涙弾が撃たれてダッシュで逃げたりもしたがブルシャスキー語が話されていることも確認できたし、歩いていたら投石デモを追い駆ける装甲車がこちらに走ってきて慌てて隠れたりもしたが調査もちょろっとだけできた。軍警察に目を潰されるのは怖いけど、調査は始まったばかりだから、また何度も来ないとならない。ああ、難儀なものだ。

その後も、頻発する市民と軍警察との衝突で、外出禁止令は再発布と再解除を繰り返す。毎日、新聞や風の噂で市民の死傷が伝えられた。マスメディアは封殺され、人権活動家たちも拘束された。帰国後の九月二十五日に、一応は外出禁止令の実質的全面解除がなされたが、その後も突発的に繰り返された。徐々に騒動は下火になっていき、結局何も成し遂げられなかったカシミール市民に憤懣《ふんまん》が残るだけの結末となっている。翌年の夏にスリナガル市を調査で再訪したときには、もう衝突に出くわすこともなくなっていたし、あちこちに書かれた「ブルハーンの町」というスローガンも大半は塗り潰されていた。けれども市の中心のモスクは金曜日ごとに封鎖され、イスラーム教徒としての自由が制限されてもいた。もとの状態に戻りつつあるが、そもそもが、ピリピリとした状況が常態となっている地域なのである。

ワーニーの死後の政情不安で、少なくとも半年間で一〇〇人以上（警察官二人含む）が亡くなり、一万九〇〇〇人以上（軍警察関係者四〇〇〇人以上）が負傷した。ペレット銃で負傷したのだけで三〇〇〇人を上回り、四二五人が目の手術を受け、一一七人は失明した。「二〇一六年カシミール政情不安（2016 Kashmir unrest）」などとも呼ばれるこの動きを、一部のコラムニストたちは「インティファーダ」と呼んでいるらしい。インティファーダ

*intifāda*（انتفاضة：アラビア語）とは普通は「（抑圧に対する）叛乱《はんらん》、蜂起《ほうき》」などと訳されるが、そもそもの意味は「（恐怖などからの）身震い、震動」である。イスラーム教徒であるというだけで軍警察から脅かされる無辜《むこ》の市民に心休まるときはなく、疲弊しつつ日常の背後にある恐怖と不安に震えることしかできないのが、インド側カシミールの実態であった。

危険で物騒でヤバいところが嫌いな僕が、危険で物騒でヤバいところだと思われている地域から抜けて新たに調査に来た先は、さらに危険で物騒でヤバいところだった。ああ、パキスタンに帰りたい。いいや、日本に帰りたい。だって危ないし怖いもの。

＊1　ちなみに、二〇一八年七月に出版された『地球の歩き方D28 インド 二〇一八〜二〇一九年版』（ダイヤモンド社）ですら、スリナガルは「ここ数年大きな事件は発生しておらず、町は平穏」などと書かれている。大嘘だ。

インドへ行って、引き籠もりを余儀なくされる

それが研究である限り、無駄な研究などないのだ。解ってくれ。

# 2.

# 好まれる「研究」と、じれったい研究

## 役立つ研究とは何か

「その研究をして、どんな社会的意味があるの?」

研究者ではない人々の中からは、そう尋ねる声が間々ある。研究者のための、競争的研究費の申請書ですら、研究が社会にどんな貢献を齎《もたら》すのかを書かせてくる。社会的に、経済的に、何らかの目覚ましいプラス効果がなければ研究はすべきでないのだろうか?

たとえば、専門外なのでふわっとした理解しかないのだが、先端技術の開発などを目指す工学的研究であれば、商品開発だの特許取得だのと、金銭的メリットは明白だろう。一方で、思うに、いわゆる「文系」の学問というのの多くは、どちらかと言えば精神の涵養《かんよう》のための分野であって、一朝一夕で社会を豊かにできるたぐいのものではないだろう（僕は「文系・理系」という括《くく》りに懐疑的だが）。

国立大学に文系の学部は要らないといった言論があった。それは、日本社会に精神的豊かさは要らない、一部の金持ちがさらに金儲けできれば良いといった、浅ましく、利己的で、眼前しかヴィジョンの開けていない発想だと思う。そこに考えが行き着いた経緯を知りたい。心が貧しいからそういう即物的な思想を持つのだろうか。

心の豊かさは数値化できないし、効果のほども見えづらい。心が豊かになったら身長がぐんぐん伸び、難病を克服し、運動部のレギュラーが決まり、英語が流暢《りゅうちょう》になり、恋人ができて、宝籤《たからくじ》も困るほど当たりました、なんていうものではない。だからと言って、蔑《ないがし》ろにして良いとは思えない。

## 分かりやすくする脚色

研究を理解してくれようという思いは、嬉しいものである。特に、共同研究者も競争相手もいない孤独なジャンルの研究というのはあって、それでも本人は何かしらの側面で有意義であると信じて進めていることがある。そういった研究はたいてい、ニッチでマイナーなものだ。そんな薄暗い、研究室が物理的に地下にありそうな研究に、少しでも関心を持ってくれるのは、それだけでありがたい話なのである。

そういったマイナーな研究というのは、そして、派手さもないのが常であろう。なぜなら、派手な研究テーマには自ずと人が集まるものだから。地味だし、学問的にかなり奥深い部分へと踏み込んでいることだって多い。下地となる基礎的知識がなければ、さっぱり意味が理解できないものかも知れない。そんな地味な研究であっても、何かの切っかけがあって、たとえばマスメディアなどで紹介してくれるだなんてことが勿怪《もっけ》の幸いで訪れることもなくはないだろう。脚光の温かさが喜ばしい。だが、安心はできない。

残念ながらマスメディアの多くは、「分かりやすさ」という看板を掲げて、デフォルメしたがる。読者・視聴者の好奇心の琴線に触れなければならないと、センセーショナルで、面白おかしい話に持っていきたがる。地味な研究を地味なまま紹介しても「分かりにくい」から、と。

それで良いのだろうか？

面白おかしく、時に滑稽《こっけい》に脚色された「研究」は、もはやその研究者が長年心血を注いで貫いてきた研究とは異なる様相を示す。それで関心を引いたところで、実際にその研究者が自身で感じる研究上の面白さは、伝えられていない。なぜなら、大事な基礎の部分をすっかり抜かし、分かるべくもない奥底の部分を、分かったように見せるために張りぼてしているのだから。読者・視聴者はその張りぼてを見てやいやい言うのであって、中身を見ていないのだ。掴みはOK。だけど掴みだけでお終《しま》いでは、やるかたがない。

## 薔薇色の「研究」と灰色の研究

難しく複雑な研究の中身を、平易な言葉に翻訳して伝える技術と言うのは重要である。専門的な話を専門用語でしかできないのは、努力か技術が足りていないためだろう。けれども、順を追わないと至れない境地と言うのもある。乗算《じょうざん》を知らずに冪乗《べきじょう》は理解できないし、赤方《せきほう》偏移《へんい》を知らずして宇宙背景輻射《ふくしゃ》は解らない。それなのに一足《いっそく》飛びで冪乗や宇宙背景輻射だけを紹介しようとするから、グロテスクなやりかたに手が伸びる。

研究そのものを知らない者にとって、好みの「研究」は、心躍るような華々しい新規の歴史的大発見で、それによって生活水準が向上したり、抜け毛が減ったり、伴侶《はんりょ》が優しくなったり、油田が掘り当てられたりするようなものだ。そういうものならば、自分に引き寄せて良さ（有用さ）が理解できるし、その「研究」の成功を応援したくなる。

もちろん、市民はそうであっても構わない。

けれど、市民への直接の供給者である媒体《メディア》が、足並み揃えて全てそう脚色してしまったら、真実の隠蔽《いんぺい》でしかない。

声が大きく華々しい経歴の「研究者」サマがTVで引っ張りダコにされ、コメンテータとして登壇したり、客寄せパンダのように方々の大学から講義依頼が来たり、名が知れたからと三文小説などを書いたりするのは、幻想の上塗りである。それを（マトモな）研究者だとは思われたくない。念のために加えるが、それを言ったら本書も、研究のアウトリーチ（社会向け広報）の一環だとは言ってみたものの、これ自体は研究ではない。

実際には、ほとんど全ての研究は地味だ。発見発見とトントン拍子に進むテーマや分野もあるのかも知れないが、コツコツとデータと考察を蓄積して、少しずつ少しずつ伸びていくものだ。汗臭く泥臭く地を這って、一歩また一歩と歯を食い縛って進む。その無様を誇っているわけでも、誉めそやしてほしいわけでもないが、好ましい「研究」を光《ひけ》らかして、相対的に本物をより見窄《みすぼ》らしく貶《おとし》めるような真似は、許しがたい。

たとえば、系統的孤立語の帰属先が判明したら、それは大発見である。薔薇《ばら》色の研究だ。けれども、その発見に至るには、誰をもねじ伏せられるだけの説得力が必要である。それなのに、半端な知識と絶妙な迂闊《うかつ》さを発揮して、軽々しくそういったことを唱える「研究者」は少なからずいる。その真偽を測り、それを批判できるだけの地力《じりき》が備わっていない土壌《どじょう》にこそ、多く跋扈《ばっこ》する。

調査地ではたびたび、華々しい「研究」の信者によって、灰色をした地道な正統の研究が否定される。彼ら信者たちは、それが正しいから信じているのではなく、正しいと信じたいだけなのだ。そこには正しさを追い求める姿勢はなく、ただ自分らのアイデンティティやら何やらの支柱が欲しかったり、最初に触れたものを盲信して手放せない心の弱さがあったりといった、我田引水の妄執《もうしゅう》があるだけ。あげく、その信じ込んだ「正しさ」を脅《おびや》かす者の排除にまで至ることも多い。正直、放っておいてあげるから、放っておいてほしいと思うこともしばしばである。

## 役立たない研究とは何か

残念ながら、近年は日本も「研究」贔屓《びいき》の社会になってきたように思う。ワケ知り顔で甘い「研究」を吹聴し、派手な「研究者」を舁《か》き上げて、地味でじれったい研究に勤しむ人々を無下に扱う。圧倒的大学進学率を誇りながら、知的世界との交流を敬遠し、安易な表現の派手な演出にばかり親しんで。紋切り型で人ウケするフェイクへの学術的な反論を煙たがり、「面白ければ良い」という愚にも付かぬ主張で正当化できていると思い込む。負の循環で再生産されつづけるその風潮は、社会的同調圧力との乗算で渦巻く瘴気《しょうき》となって四方を覆い尽くし、順《まつろ》わぬ者へ社会不適合の烙印《らくいん》を捺《お》しだす。利益を呼ぶ研究だけが社会に必要なのだ、と。それがいわゆる「研究」であっても構わぬ、と。インパクトのみ強くて目新しい素敵な「研究」ばかり推進して、地味にして地道な基礎研究を蔑ろにする愚かな財政策にはほとほと愛想が尽きる。

日本人にとってマイナーな国であるパキスタンの、山奥の少数言語を調査して、単語を集めたり、物語を集めたり、文法を解明しようとして何年も費やすのは、無駄な行為に見えるかも知れない。それをして日本の社会にどんな貢献があるのかと言えば、直接的にはないだろう。けれど、そもそも研究者は貢献者になりたいわけではないし、何をどう活かすかは個々人に任せるべき話である。

昔、「トリビアの泉」というTV番組で、トリヴィア *trivia*「雑学」（原義は「三つ（*tri-*）辻《つじ》（*via*）」）という単語を「生きていく上で何の役にも立たない無駄な知識」と定義していた。だが、本来的に知識自体が有用か無用かなどと考えること自体が幼稚でおかしいのであって、たとえばその知識を披露《ひろう》して「へぇ」と言わせられるだけで、役立てられているではないだろうか。知識は、役立てられる人が役立てたければ役立てれば良いのである。たとい世界中の人が見向きもしない知識であっても、いつかどこかでたった一人でも役立てられれば、無駄ではない、「トリビア」ではないということになる。さて、悠久の未来まで、それが役立たないと証明できるだろうか。できないのだとしたら、果たしてあの番組が何かを「トリビア」として示すことは可能であろうか。

好ましい「研究」を好むなとは言わない。だからと言って、デフォルメされた「研究」を鵜呑《うの》みにしたり、地味な研究を無駄と蔑《さげす》んだりはしないでほしい。世界は広く、自分の見知っている事柄だけではないのだから、おのれが解らぬからと言って価値がないと浅はかに思うのは正しくない。創作（フィクション）の「研究」と、現実（ノンフィクション）の研究とを区別しないと、犯罪のたびにゲームや漫画ばかりを批判するような、悍《おぞま》しい視野狭窄《きょうさく》に陥ってしまう。世界や社会がそんなにシンプルではないからこそ、あらゆる現象に研究者たちは取り組んでいるのである。

それが研究である限り、無駄な研究などないのだ。解ってくれ。

# バックパッカーと研究者

## かつて溜まり場だった谷

僕が現地調査に赴《おもむ》いてきている「現地」は、大きく分けて六箇所ある。訪れた順に挙げると、パキスタンの①ギルギット・バルティスタン州フンザ県フンザ谷と、②同州ナゲル県ナゲル谷、③同州ギズル県ヤスィン谷、④ハイバル・パフトゥーンフワー州チトラール県ルンブール谷、⑤ギルギット・バルティスタン州ギルギット県ギルギット市、そしてインドの⑥ジャンムー・カシミール州カシミール谷スリナガル市だ。

これらのうち、②ナゲル谷と③ヤスィン谷以外は、国外からの観光客も程度の多寡《たか》はあれ、訪れる地域である。特に、①フンザ谷と、④ルンブール谷、⑥スリナガル市は、バックパッカーが好んで来る地域でもある。⑤ギルギット市はどちらかと言えば交通の要衝として短期滞在する場所、といった感じか。二〇〇〇年代の夏のフンザ谷なんて、南アジア一の日本人バックパッカーの溜まり場みたいな雰囲気すらあった。他の場所へは全然行っていなかったので、真偽は定かではないものの。僕の頭の中では、常々こう思っていた。

南アジア（この場合は要するに、インド）と中国とを陸路で結ぶ主要なルート上にあり、インドや中国で草臥《くたび》れた人が、長閑《のどか》なフンザ谷に沈没し、英気を養ってから再び喧騒へと向かうのだろう。そう、ここは旅人の休息の地。沙漠《さばく》で言えばオアシス、RPGで言えばセーブポイントのような——。

そんなわけで、バックパッカーが利用するような安宿も間々あるし、村人もそれなりに外国人慣れしているし、定期的に気さくな日本人客も訪れるしで、調査地の中でもフンザ谷はかなり暮らしやすい土地であった。毎日せこせこと言語調査をして、不真面目なインフォーマントと口論をしたり、揶揄《やゆ》してくる村人と口喧嘩をしたり、悪ガキにプンスカしたりする合間合間に、会ったばかりでもたいがいは価値観を共有できていて、頭を使わずに日本語で会話ができて、あちらの旅の話とかこちらの調査の話とかで新鮮な話題を提供し合って刺戟《しげき》を交わせる日本人客と、仲良くできるのが大きな利点と言えた。さっきから話が過去形で綴られているのは、二〇一〇年代に入ったあたりから、日本人バックパッカー内のフンザ谷ブ

ームが下火になってしまい、一方でパキスタン国内の観光客が大挙して押し寄せてきて、フンザ谷がパキスタンパキスタンしてしまっているからだが、そのあたりは別の節で語ることにして、今は、フンザ谷にバックパッカーがたくさん来ていた喜ばしい過去の話を続けよう。

さらに言えば、バックパッカーが多くいる場所だからこそ、研究者という、「バックパッカーではない者」への村人たちの関心が強く、全般的に協力的になってくれるというメリットもある。これが、外国人慣れしていない地域だったり、ジャーナリストや他分野の研究者に慣れてしまっている地域だったりすると、「あ、また自分たちをネタに旨《うま》い飯を食いに来たヤツがいるのね」程度になってしまったりする気がする。飽《あ》くまでも感覚的な話ではあるが。

そういう意味では、冒頭の地域の中でも、④ルンブール谷と⑥スリナガル市は、①フンザ谷と対比してやや難しい。スリナガル市に関して言えば、⑤ギルギット巾も同様だが、都市であることも難しさの一つになる。

## 心に吹き込む新鮮な風

特に、最初のころはバックパッカーに対して、精神安定剤の役割を求めていた記憶がある。何なら今でも求めている節がある。二〇〇四年に、初めてのパキスタン渡航でイスラマバードの大学に留学し、その途中の長期休みに①フンザ谷へ登ってきたのが、僕の最初の現地調査だった。慣れない土地、慣れない人柄、慣れない生活に魘《うな》されていたさなか、快活に世界を闊歩《かっぽ》して回る日本人バックパッカーたちは効果的に、吹き荒《すさ》ぶ風に曝《さら》されて荒みきった僕の心を潤してくれた。

今でも思い出すのは、二〇〇五年の二〜三月にフンザ谷へ調査に来ていたときのこと。夜には氷点下になる時期、だが安宿には暖房なんてない。何なら電気もない。そこに泊まっていたのは、日本人バックパッカー大学生五人（男四人、女一人）と、バックパッカー夫婦と、僕だ。大学生たちはもともと三つくらいの別々のグループだったが、そんな時期のフンザ谷でたまたま集まっていた面々だった。夕飯を宿の食堂で食べてから、そのあとも談笑をしていた中、「ダハブ・ゲーム」という、トランプを使ったゲームを旅行者の誰かが教えてくれた。エジプトの沈没地（バックパッカーたちが長期滞在する場所）の一つダハブ（Dahab / ذهب）で流行《はや》ったからそういう名称なのだと言う。貴族VS市民＋探偵という構図で、議論を中心にして進められる推理ゲームである。[*1] これに嵌《は》まった男性陣。寒い夜、乾《ほ》し杏《あんず》やら炒《い》った杏仁《あんにん》やらをツマミにしながら、夜半過ぎまで延々と、暗い部屋の中で、一本の蠟燭《ろうそく》を囲んで集会をする日本人男性六人。ずば抜けて怪しげな連中だったことだろう。途中で宿のスタッフや地元民が覗きに来なくて良かった。

本当は調査に来ているのだから、夜更かしして遊んでいる場合ではない。翌日の仕事のために夜はちゃんと眠り、体調管理を第一とすべきだったのだが、精神的に疲労困憊《こんぱい》していた当時大学院生（修士課程）の僕は、その場凌《しの》ぎの享楽におのが身を浸して、精神衛生を優先したのだった。ダハブ・ゲームがなければ、もしかしたら僕は今ごろ、研究者にはなっていなかったかも知れない。そう思うと感謝の念や積年の恨みが湧き上がってきて、エジプトに向けて片足を向けて眠れるようにと蒲団《ふとん》を敷きなおしたくなってしまう。大阪から枕を琵琶《びわ》湖《こ》方向にセットして最善バランスの「大の字」（※腕と脚とを72°ずつで開く）で仰向けに寝れば、右脚が向いてくれるだろうか。しまった、こんなことなら大の字で眠る習慣を作っておけば良かった。どちらかと言えば僕は、手足を縮めて身をコンパクトに畳んだ、胎児のような姿勢で寝るのが好みなのだった。

## 骨休めと花逃し

昔話ばかり言うと、近年出会った日本人バックパッカーには思い出がないのかと残念がられてしまうかも知れないが、もう一エピソードだけ紹介したい。二〇〇七年の十月から十二月、二ヶ月半の長期調査に来ていたときの話だ。なお、人類学者などは「それしきで長期フィールドワークとか言うな」と鼻で笑うかも知れないが、諸々の理由から僕の中では二ヶ月半というのが一番長くできる調査期間なのだから、これは長期調査なのだ。その年あたりから年々、フンザ谷から日本人バックパッカーが減りはじめ、入れ替わる感じで韓国人バックパッカーが増えてきたころあいだったろうか。十月下旬、隣の安宿には日本人のウェイ系大学生男子が四人と、韓国人大学生女子が三人（二人組のＭＪ＆ＳＨと単身のＪＷ）、ウチの宿には僕と、日本人バックパッカー男性が一人（カズさん）、韓国人中年バックパッカーが数人といった感じだった。毎日毎日同じような作業と、同じようなハプニング（協力者の不在とか、調査中の邪魔とか）とで鬱憤《うっぷん》やるかたなくなっていた矢先に、同宿のバックパッカーことカズさんが、以前情報ノート[*2]で見た、次の目的地として行きたい場所がパキスタン国内にあるんだけど、現地事情を知っているかと尋ねてきた。行く先はカラーシャ人という民族の暮らしている地域。西に三〇〇kmほど離れている別の山脈内の谷で、僕も詳しくはなかったが関心を少なからず持っていたところだった。

「一緒に行きましょうか」

ふと、口から出た。え、調査中にお出かけするの？　自分で自分の発言に一瞬戸惑ったが、そんな困惑を処理する間もなくトントン拍子に話が進み、カラーシャ人の谷への出発となった。

まずは①フンザ谷からスズキ[*3]とハイエースで西の⑤ギルギット市へ移動し、一泊。翌日の早朝発のバスで、さらに西へ。途中で三七二〇mという、ほぼ富士山と等しい海抜のシャンドゥール峠を越えて、マストゥージという村で一泊。翌朝からランドクルーザーに乗って昼過ぎにチトラール市に到着。警察署で外国人登録をし、入域許可証をゲットしたら、その足でさらに乗り合いのトラック（荷台）に飛び乗って、日没後に到着したのが④ルンブール谷バラングルー村だ。移動だけで三日掛かった。

カラーシャ人の暮らす谷に着いて、のんびりと何もしない日々を過ごす……とは、しかし、ならなかった。カズさんは毎日写真を撮ったり散歩をしたりディジェリドゥ[*4]を吹いたりといったバックパッカーらしい行動をしていたが、そこはフィールド言語学者の僕、知的な食指の疼《うず》きを無視できなかった。彼らカラーシャ人の話す言語はカラーシャ語。よし、調査しよう。谷の奥へ行くと、ヌーリスタン語が話されているという噂を聞いた。よし、調査に行こう。谷の全域で、地域共通語として誰もがコワール語を話せる。よし、調査しちゃおう。――とまぁ、そんなこんなで、調査の合間の骨休めに遠出してきたはずだったのが、滞在した一週間、必死に新しく三つの言語を調査してしまった。何とも密度の濃い日々だった（ちなみに、このときに着手したこれらの言語も、その後、調査を続けている）。

十一月初旬、自分に許した一週間の余暇をそうやって消費し、カズさんと別れて単身、再び三日を掛けてフンザ谷へと戻った。二週間ぶりくらいのフンザは、いっそう近付いた冬が秋の追い出しに精を出しており、若いバックパッカーたちが消えていた。残っていたのは同宿の韓国人の中年女性バックパッカー一人だけ。

そしてそのおばさんは、入れ替わりで出発したというバックパッカー女子大生JWの、僕宛ての置き手紙を渡してきた。英語が苦手な僕と、何度か顔を合わせてはお互い片言《かたこと》で会話をしていた女の子。あなたがカズさんと一緒に出かけちゃって、もう一度お話がしたくて帰りを待っていたみたいだけど、自分は帰国の日も決まっているからもうこれ以上は留まれないって言って、残念そうに今朝下山していったんだよ、とはおばさんの談。小さく折り畳まれたその手紙を開いてみると、いつ学んだのか、日本語で「のぶるさん。お久しぶりです。お元気ですか。」との書き出し。頑張って何行も書かれた文章は、「よいご旅行を。恋しくなるよ。」と〆《しめ》られており、これはそう、まるで恋文のような……え？　あれ？　そういう話？　どこかでフラグ立ってたの？　言語調査サボって言語調査してきてる場合じゃなかったんじゃね？　甘酸っぺぇ！　そして、ほろ苦ぇ！

## 冒険は終わっても調査は終わらない

正直、バックパッカーとして世界を歩き回るほどの行動力は僕にはないし、異文化に触れて回るよりは日本国内で心安らかにふらふら旅行するほうが好きだ。冒険心がないのは、小学校時分に夏休みの読書感想文で『ガリバー旅行記』を読んで、「こんなふうに冒険はしたくない」と綴ったあのころから変わらない。海外へ遊びに行ったこともない僕だ。

けれども、調査で毎日同じような作業を繰り返し、頭をフル回転させてへとへとになって、生きづらい暮らしに辟易《へきえき》している現地の僕は、バックパッカーが世界でした体験をちょっとだけ分けてくれるのが非常に楽しみでならなかった。彼らの齎《もたら》すさまざまな起伏に富んだ物語が麻薬のように疲れを融かしていた。近年では日本人バックパッカーの姿を見ることがほとんどなくなってしまい、僕の現地調査を苦行パートが占める割合は漸増《ぜんぞう》するばかりである。インターネットで世界が近付き、冒険や秘境が減ったからだろうか。若者たちや社会全体が財政的にも精神的にも余裕を失い、バックパック一つで海外を旅するなんていう「遊び」がやりにくくなっているからだろうか。そんなの、協力者たちのヤル気依存で遅々として進まない調査に明け暮れる僕のフィールド生活みたいに、詰まらない時代だなぁなどと、ここ一〇年ちょっとだけを眺めても、そう思うのである。

みんな、もっと僕の調査地に、僕の調査中に、遊びにおいでよ！＊5

＊1 ちなみにこのゲームに酷似したものが、日本では近年、「人狼ゲーム」として一世を風靡した。「マフィア」など、別のバリエーションもあるらしい。

＊2 バックパッカー同士が情報を交換するための、安宿に多く置かれていたノート。近年はインターネット利用により、消えつつある文化だ。

＊3 ウルドゥー語で *sūzūkī*（سوزوکی）。スズキ（SUZUKI）社の軽トラの荷台に、幌《ほろ》とシートとを追加する改造をした乗り合い小型バスが、市民の足としてパキスタン各地で走っている。他にも、市民の足としては、乗り合いのワゴン車であるハイエース *hāī-ēs*（ہائی ایس）などが走っている。むろん、語源はトヨタ社のHIACEだ。

＊4 英didgeridoo。オーストラリアのアボリジニの伝統楽器で、シロアリが内部を食い通した、筒状のユーカリの木から作られる。吹き口の縁に宛てがった唇を震わせつつ、循環呼吸という呼吸法を用いて連続して吹くのだと、カズさんは説明した。サイズは区々《まちまち》で、彼の持っていたディジェリドゥは、長さ一五〇cmほどだった。

＊5 ただし、自己責任に限る。

# コワール語
## Khowar

コワール語イシュコマン方言の基本フレーズ
（“ ´ ”の母音を高く、やや長く発音する）

「私の名前はノボルだ。」
マ・ナーモ・ノボル・シェール
*má námo noború (šér).*

「君の名前は何だ？」
タ・ナーム・キャーフ・シェール
*tá nám kyáγ̊ (šér)?*

「どうもありがとう。」
ボ・メヘルバニー
*bó meherbaní.*

「調子はどうだ？」
キチャ・アスス
*kíča asús?*

「元気だ。」
ジャム・アスム
*jám asúm.*

「また会おう。」
ワー・イゴー・パシースィ
*wá iγó pašísi.*

「コワール語で何て言うの？」
コワーラ・キャーフ・レーニアン
*khowára kyáγ̊ rénian?*

・インド・ヨーロッパ語族　インド・イラン語派　インド語派　北西グループ
・コ人*kho*（または、コウ人*khow*）の民族語
・話者は約20万人
・パキスタン　ハイバル・パフトゥーンフヮー州　チトラール県
　〃　　　　ギルギット・バルティスタン州　　ギズル県
・自称言語名はコワール*khowár*：(*-war*「〜の言語」)

*

2007年から調査。

広域で話されているわりに、方言差は意外と少ないかも知れない。ちょっと聞いた感じでは、ギズル県イシュコマン谷、同ヤスィン谷、チトラール県チトラール市で、おおむね同じ話しかただったように思える。ただし、僕の踏査した以上に広い範囲で話されているので、今後さらに足を伸ばせば、おそらく方言差はそれなりに見られるであろう。

男性名詞、女性名詞の区別がない。その一方で、コピュラ動詞が、有生《ゆうせい》物《ぶつ》ならアスィク *asík*（不定詞形）、無生物ならシク *šík*（不定詞形）と、有《ゆう》生性《せいせい》によって区別される。

ヤスィン谷ではコワール語とブルシャスキー語とが半々くらいで用いられていて、ブルシャスキー語ヤスィン方言には、基礎的な語彙《ごい》からして、コワール語からの多くの借用語がある。コワール語のタト *tát*「父」、ナン *nán*「母」と、ブルシャスキー語ヤスィン方言のタティ *táti*「父」、ナニ *náni*「母」。あるいは両方に共通した発音の、シャウ *ṣáu*「悪い」、シエリ *ṣiéli*「美しい」、グリンチ *grínč*「米」、ヘル *xér*「匂い」などがある。一方で、コワール語ヤスィン方言では、イシュコマン方言やチトラール方言には見られない、キンョ *khišo*「蚊」、ティム *ḍim*「幹」、ワト *wáṭ*「樹皮」、ホロン *xoróŋ*「霧」といった、ブルシャスキー語ヤスィン方言由来の語彙の使用が認められる。

実質的に無文字言語だが、文字化しようとする歴史は20世紀前半にまで遡る。アラビア文字をベースにしたコワール語用の文字体系があれこれ模索される中で、現在のUnicodeに収録されている中では、ݯ（j̣）・ݱ（ẓ）・ݰ（ṣ）などという、他の文字体系では類を見ない新字が作られたこともあった。

コワール語

# 名詞は簡単で動詞は複雑？

**広域の山奥でコワール語は流れる**

コワール語はかなり広い範囲で話されている。

東はギルギット・バルティスタン州ギズル県、西はハイバル・パフトゥーンフワー州チトラール県と、たった二県だけだとも言えるが、ギズル県は州内でも比較的大きい県であるし、チトラール県は州内最大の県であるため、その二つが合わさるとかなりのエリアになる。概算で二万五〇〇〇km²弱もあって、北陸四県くらいある。東京ドーム約五二万四〇〇〇個分の広大な地域だ。もちろんその域内でコワール語だけが用いられているわけではないが、地域共通語としての地位を獲得しているので、話者数はめっぽう多い。

僕が最初にコワール語に出合ったのは、じつはコワール語圏ではない。二〇〇四年にブルシャスキー語の調査で初めてフンザ谷カリマバード村へ行ったときに、イシュコマン谷から出稼ぎに来ていた人と知り合って、初めてそこで聞いた。最初は分かりやすくチトラーリー *čitrālī*（چترالی）「チトラール語」と言われたが、要するにコワール語だった。その次に聞いた場所は、れっきとしたコワール語圏である、二〇〇七年のギズル県ヤスィン谷（ブルシャスキー語と半々）、それから二〇〇八年のチトラール市（コワール語の中心地）となった。

コワール語はコ人 *kho* の民族語である。誰かがどこかで、コワール語はフランス語に似ていると言っていたのが、妙にしっくり来た。一時的に言語学者であることを停止し、素人言葉で回顧しつつ言わせてもらえば、たしかに、アルプス山脈のようなヒンドゥークシ山脈の中で、サラサラとエタノールのように耳を擽《くすぐ》って流れるような響きの、お洒落《しゃれ》な発音で放たれるこの言語に、おフランス感が覚えられたのを憶えている。

今聞くと、全然そんなんじゃないんだけど。

そんなわけで、結構な研究道の初期から触れてきているコワール語だが、じつはそんなに正面から取り組んではいないので、いまだに僕のコワール語運用能力は発芽していない。

## 言語学者と言語習得

もともと口下手でお喋りが苦手な僕は、自身の言語運用能力を伸ばすのが人一倍不得手である。もしも「語学力」という架空の力が存在して、数値化できるとしたら一〇〇点満点で七点くらいだろう。ちなみに一〇〇点満点で七点というのは、僕の高校三年生のときの英語ライティング科目のテストで叩き出した最低点（もちろん、赤点）である。

しばしば、言語学者は何言語も自在に操れるだとか、フィールド研究者は現地語をペラペラ喋るだとか誤解していらっしゃる方々があられたりするのだが、あらぬ事実誤認なのでうっちゃっちゃってほしい。パキスタン人に「博士号を取った」と言うと、「どの言語が話せるんだ？」と明後日の方向への暴投のような質問を返されたことがある。しかも幾人もが訊いてきた。事情を窺うと、嘘か真か、「パキスタンでは四つの言語の運用能力が一定以上であると認められると、言語学の博士号が授与される」のだと口を揃えて答えた。言語学を誤解しているし、多分彼らの言うところのパキスタンの「言語学」は文学のことだし、それにしてもやっぱりその条件での博士号授与は勘違いだろうと願うばかりであるが、日本でもパキスタンでも、言語学者は語学堪能だといった固定観念がすっかり浸透しているので困った話である。[*1]その純粋無垢で穢《けが》れなき羨望の瞳を向けて、幻想を僕の人物像に重ね合わせないでください。糅《か》てて加えてその幻が破られ霧散した暁であっても、そのガッカリを延長して言語学者全般に幻滅しないでほしい。何言語も自在に操れる人だっていようとも。

だが、それでも、「どこに行くんだ?」「城に行く」『どこから来た?』「城に行っていた」「調子はどうだ?」「元気か?」「元気だ」「座れ」「行くね」「じゃあね」「また会いましょう」あたりの、厳選された（非常によく使う）日常フレーズ程度しかロクに話せないコワール語について、名詞は簡単で動詞は複雑だぞといった、感想のような理解は持っている。

## コワール語の名詞のシステム

名詞が簡単というのは、楽観的に見た話ではあるが、たとえば単数形から複数形を作るには接尾辞 *-an* を付加すれば良いだとか、格（日本語で言う「はがのをに」のたぐい）が接尾辞でシンプルに標示され、種類も少ない（直格《ちょっかく》 *-Ø*・斜格《しゃかく》 *-o*・与格《よかく》 *-te*・奪格《だっかく》 *-ar*・処格《しょかく》 *-a*）だとかいったことである。たとえばモシャンテ *mošánte* は、*moš-an-te*「男-ども-に」と分析できる。僕の調査している他の言語と同様、パーツの分解が平易で、個人的に簡単に思えるのだ。

と言いつつ、実際には複数形の作りかたがその他にも何種類かあったり、複数のものを指しても単数形で表現できたりと、本当は難解だったりするのだが、それでもぱっと見た感じでは動詞よりシンプルに思えた。思えたんだから、しかたない。

やぎたち

インド語派の他の言語が、ヨーロッパの多くの言語と同様、全般的に男性名詞・女性名詞といったグループ分け（文法性、ジェンダー）を持っているのとは異なり、コワール語にはその区別がないのも好ましい。何せ、ドマーキ語のヤ *ya*「心臓」は男性でシュノオニ *šunoóni*「男性器」は女性だの、シャルクナ *šarkuná*「秋」は男性でアゴーシ *agóoš*「天気」は女性だの言われても、ピンと来ない。しかも、ウルドゥー語ではヒザーン *xizān*（خزاں）「秋」が女性でモオサム *mɔ̄sam*（موسم）「天気」が男性と、ドマーキ語と逆になっていたりもする。

今では地名となっているチトラールも、じつは誤解から生じた地名だという噂がある。チトラール近郊で調査をしていた昔の偉いイギリス人が、町の近くを歩いていた地元出身であろう男に、「お前はどこから来た（どこ出身だ）？」と尋ねることで町の名前を取ろうとした。男が「チェトラル *chétrar*」と回答したので、町の名前はチトラールだということになった。けれども、「どこから来たか」と尋ねられて男は *chétr-ar*「畑-から」と答えただけだったのだ、という話である。信じるか信じないかは、あなた次第。

## コワール語の動詞のシステム

さて、名詞とは異なり、コワール語の動詞はめっぽう難しく思える。まず、一・二・三人称と単数・複数とで活用形は各種六通りある。いや、三人称は生きもの（動物）かそうでないかによってさらに分かれる（日本語の「いる」と「ある」との使い分けに似ている）ので、八通りになる部分もある（ならない部分もある）。それが、現在・未来・単純過去・複合過去・未完了過去・完了過去・条件・命令（希求）でそれぞれ別の形式を取るのが定動詞（つまり五〇個くらいの語形に膨れ上がる）。さらに加えて、不定詞・現在分詞・過去分詞・継起副動詞・様態副動詞・行為動名詞・行為者動名詞・願望動名詞と派生したり、義務派生形や伝聞法表現などもあるというのだから、面倒臭い。言語学に明るくない人なんて何を言われているのかすら分からないであろうくらいにややこしいであろう。しかも現在語幹と過去語幹の派生形態論も一筋縄ではいかなさそうだ。少なくともこのあたりではかなりの大言語であるにも関わらず、コワール語の文法書らしい文法書がこれまでに出版されてきていないのも、頷《うなず》ける。

と言いつつ、じつはこのあたりのややこしさは周辺の別言語（僕のやっているあたりではカラーシャ語やシナー語）などでもほとんど同じ感じに言えることだし、ただ単に僕の脳が不足していて把握しそこねているだけであると言えなくもないのだが、そう言われてしまうとしょんぼりするよりない。多分、言語マニアや研究者仲間やその他の研究者の方々には、鼻で笑われるに違いない。だが、得手不得手は得てして誰にでもあるし、系統的にそう近くもないし先行研究もほとんどない複数言語を賄《まかな》わなければならない高校英語赤点マンの苦悩を、そっとしておいてあげられるだけの度量を身に付けていただきたい所存である。

そう言うと僕の得手は何かという、悶《もだ》え死ぬほど厄介な問題も生じるのだが、それはまた別の機会に論《あげつら》おう（そんな機会が訪れることはないかも知れません）。

◎コワール語の *asík*「いる」・*šík*「ある」の使い分け例文

*hayára réni asúr*　「ここに　犬が　いる」
*hayára gambúri šér*　「ここに　花が　ある」
*tá žižáw bó šéli asúni*　「君の　息子らは　とても　美しい　（いる）」
*hamít gambúri bó šéli šéni*　「この　花々は　とても　美しい　（ある）」

＊1　彼らは「四言語堪能なら」と言っていたが、最近、ウルドゥー語（ペルシア語からの借用）にハフト・ザバーン *haft-zabān*（ہفت زبان）「七つの言語、言語学者」（Platts 1884: 1230）という表現があることを知った。参考までに。

# 文字のないことば

## 文字と正書法

一般の話者がある程度一貫して用いるような書記法を持っている言語を、文字のある言語と呼ぶことにしよう。

どうしてこんな持って回ったような言いかたをしているかと言えば、「正書法」のある（定められている）言語などと言った場合に、たとえば日本語がすでに対象外になってしまうからである。けれども、規範的書記法は日本語にあって、助詞の「は」「を」「へ」など、発音と文字との対応だけでは説明できず、文法的な知識が必要となっている特殊ルールをも、おおむね全ての話者の間で共通して持っているのが実情である。ただし、どこでひらがな・カタカナ・漢字を使うかといったあたりになると個人差が大きくなるし、句読点の用法なども一様ではない。出版業界やＴＶ業界は殊更《ことさら》に五月蠅《うるさ》い印象があるが、「拉致《らち》」「巡邏《じゅんら》」「改竄《かいざん》」「罹災《りさい》」「忖度《そんたく》」をちゃんと漢字で書いても構わないし、「齎《もたら》す」「動《やや》もすれば」「溽《むしあつ》い」「抑《そもそも》」やら、「鞦韆《ぶらんこ》」「鸕鷀《う》」「鼺《むささび》」「[illegible]《ふぶき》」なんかを漢字で書いても、間違いではない。そもそも、訓読みに絶対の決まりはない。「乾《のぼる》」という名前も許される（この字はもともと、「太陽が天高く昇る」という意だ）。

# 文字のない言語

さて、冒頭で決めた定義の下で、文字のない言語を何か知っている読者はあるだろうか。パッと思い付く人は、言語マニアである可能性すらある。と言うのも、日本で名の知られている、いわゆるメジャー言語というのは、たいがいが文字を持っているからである。

一方、じつは日本国内を主要な分布地とするような言語でも、文字を持たない言語はある。たとえば、アイヌ語。ネイティヴ話者はもうほぼおらず、話者自身がどう意識しているかは僕には分からないが、一般的には無文字言語であると言われている。けれどもその傍ら、かつての研究者らが苦心して書き表したのの影響か、日本語教育の弊害か、何通りかのカナ、あるいはラテン文字による書記法が見受けられる。ただし、その書記法の中で、決定版のように一致団結して選択されているものは、やはりない。

あるいは、日本手話。手話言語全般の表記の問題は、研究者の中でもいまだに考えあぐねている難しい話であり、話者たちが揃って用いている書記法も存在しないと言えるだろう。音声言語全般の表記は、研究者の間では、たとえば国際音声字母（International Phonetic Alphabet：IPA）という体系が用意されていて、理論上、世界中の全ての音声言語の発音を表現できるようになっている。これさえ覚えておけば、全く知らない、聞いたことすらない言語の例であっても、理窟の上では正しく発音できるということになる。

さらにもう少し考えてみると、たとえばズーズー弁などと言われる、東北や北陸、山陰の一部（雲伯《うんぱく》方言）で見られる発音。イとウとの区別がなくなって中間的な音になり、「寿《す》司《し》」も「煤《すす》」も同じように発音される方言というのがあるが、これを日本語の文字でちゃんと表記しようとしたら、どうなるだろうか。中部方言などでは、連母音《れんぼいん》が融合する現象が確認でき、ア＋イがアとエの中間的な音の長母音《ちょうぼいん》になったりする（ミャーミャー弁）。アェーか、エャーか、いや、書きようがない。第一、多くの方言話者は、書きものをするときには、学校の国語の時間に習った（いわゆる「標準語」とか「共通語」と呼ばれる）日本語を書くのではないか。普段使いの言葉と読み書きの言葉とが違っているのは、珍しいことではない。

近年のSNSを見ると、漢字変換とか面倒臭いだろうに、漢字かな混じりで比較的方言方言しい文章を書く人もあるが、それでも通じる範囲内で方言を用いているのであって、「鼻でぃができた（鼻血が出た）」だの「ごんぼほるな（駄々を捏《こ》ねるな）」だの「燃し木《もき》を持ちに来た（薪を取りに来た）」だの「川ぇーしぇんたくに行きたげな（川へ洗濯に行ったそうだ）」だのとはなかなか書かなさそうだ。専門ではないので感覚論だが、見た感じ、ステレオタイプで代表的な俚言《りげん》[*1]への置き換えや、間投詞、文末助詞の使用、否定形などの目立った語形変化あたりが、SNS方言使用の中心領域ではないだろうか。

## 無文字言語の話者も文字を知っている

世界を見渡せば、半分からそれ以上の言語は、文字を持たない言語である。とは言え、その言語を母語としている人々が文字を書かないかと言えば、そういうことではない。たとえばブルシャスキー語話者はウルドゥー語や英語を書く。ブルシャスキー語は基本的には書かない。つまり、ブルシャスキー語は無文字言語である。けれども、ブルシャスキー語を文字化しようという努力はネイティヴの中でも古今、チラホラ見受けられ、アラビア文字系列のウルドゥー文字を改良した文字体系を作って書こうとしたり、[*2]近年では（南アジアでナンバーワン人気のSNSである）フェイスブックにラテン文字（ローマ字、abc）で何となくそれっぽく綴ったブルシャスキー語作文を投稿している若者たちも多く見受けられる。ある程度は英語の知識からラテン文字化をしているのだが、英語にない発音などは、個人個人でさまざまに書きかたが分かれているし、そもそも英語が透明性の低い綴り字を有している言語なので、その弊害で彼らのラテン文字ブルシャスキー語も一貫性に欠けた表記になりがちなのが、研究者としては残念である。

僕の調査している言語は、カシミーリー語以外は文字を持たない（カシミーリー語自体の識字率は低い）。幼少時から積極的な意図を持って言語学者になったわけではない僕だが、幼少時から文字が大好きだったという、若干《じゃっかん》気持ち悪い側面もある。それなのに、今やっている言語のほとんどが無文字言語なんだから救いがない。

文字がないということは、書かれたものがないか、あっても僅少であることに通じる。そうすると、話者たちのコミュニティ内で自然と蓄積されてくる歴史的資料というのも物理的に存在しないし、調査の一環で何かを書き記してもらうといった手法も、どうにもなかなか取れない。話者集団の脈々と培《つちか》ってきたさまざまな知識の伝達は、ひとえに口承のみに任され、パキスタンやインドであっても現代社会の風潮として世代間の伝達が稀薄になってきた近ごろは、物語・諺《ことわざ》・成句といった文芸の伝承が杜絶《とだ》えがちになっている。言語の土壌《どじょう》が貧弱化する、見えない言語危機が忍び寄っている気配を覚えてやまない。

## 文字と工夫と影響

文字のない言語の研究であっても、研究者はＩＰＡや、独自の書記法を作って、言語を書き起こす。このあたりは、文字と言語とが必ずしも密接に結び付いているものではないという事実が強みになる。古い研究者がアイヌ語をカナ書きするために、小文字を増やしたり、半濁点をハ行以外にも付けたりした工夫も、それだ。僕はラテン文字をベースに符号を加えて、七つの調査言語を表記している（巻頭の「表記と文字のこと」を参照されたい）。イスラーム圏なんだし、研究協力者たちは大半がウルドゥー語を知っているのだから、ウルドゥー文字ベースにしたほうが良いのではないかと考える方もあるかも知れないが、基本的に母音を表記しないアブジャド[*3]（であるウルドゥー文字）は大変勝手が悪い。全ての音をしっかりと書き表す文字体系である、アルファベット[*4]（であるラテン文字）を使うのが悧巧《りこう》なのだ。

文字のある言語は、文字のない言語と違って、小説なども書かれているから高尚なのだと考えている人がいたら、残念ながらそれは思い違いだ。文字は結局、言語の副次的な道具でしかなく、言語自体の価値を高めたり低めたりするものではない。そして文字自体にも本来的に良し悪しがあるものではなく、各言語を書き表すために工夫がされれば、どんな言語だってどんな文字ででも書こうと思えば書ける。聖なる文字だとか、卑俗な文字だとかは、文字とはまた別の側面（宗教とか）からの偏見でしかない。

とは言ったものの、一旦言語に文字が適用されると、わずかではあるが、文字から言語への影響というものも起こりうる。「そこはかとなく」が今の発音になったのは、「其処《そこ》は斯《か》となく」という語句の構成が忘れられて、「は」が助詞であることがぼやけた結果であろう。[*5] 他にも、文字詞《ことば》（か文字「髪」、しゃ文字「しゃもじ⇑杓子」、お目文字する「お目に掛かる」、ひ文字い「飢えた⇑ひだるい」など）や、「御《おん》の字」、「カタカナ発音」といった表現、たとえば吉岡なら「吉《よし》の字」などといった綽名《あだな》の命名法、「ＮＨＫ（日本放送協会）」、「ＳＮＳ（Social Networking Service）」、「ＩＰＡ（Indian Pale Ale）」などといった略語法などなど、文字を得たことから言語現象が発展している部分はある。けれど、それは言語の一部の発展であって、文字がなければないで、それに相当する部分が別の発展を遂げるだけなのだ。

日本で生活をし、たとえば日本語以外の言語能力を活用して海外の書籍を読んだりインターネットに勤しんだりしていても、文字のある言葉の世界しか見れていない可能性は高い。なかなかどうして関わる機会は少ないだろうけれども、世の中には文字のない言葉というのも数多《あまた》あって、意外と日常生活の隣にも潜んでいたりするのを、改めて気に留めていただけたら幸いである。

＊1 共通語にはない、地域方言に見られる語彙《ごい》のこと。関西のモータープール「駐車場」、南関東のカタス「片付ける」、瀬戸内のタウ「届く」、北海道のナマラ「とても」など。ところで、共通語や標準語の概念がないと、俚言とは言えないのだろうか。英語の「茄子」なんかは、ブリンジャル *brinjal*（南アジア、南アフリカ）と、アウバジーン *aubergine*（イギリス）と、エッグプラント *eggplant*（アメリカ、オーストラリア）との、どれかが標準でどれかが俚言なのだろうか。

＊2 奇特な人もいるもので、何と、その文字体系を用いて『クルアーン（コーラン）』のブルシャスキー語訳を著した書籍まである！ 多分、日本では、僕の研究室にあるのが唯一の蔵書であろう。

＊3 アブジャド（**abjad**）は、原則的には子音だけを書く音素文字である。二十一世紀に入るころからは日本語でも、パソコンとインターネットの普及によって、掲示板、ニコニコ動画のユーザーコメント、チャット、SNSなどにおいて早く入力するため、もしくはネットスラング性を持たせるためなどから、*kwsk*「詳しく」、*ksk*「加速」、*gkbr*「ガクブル」、*wktk*「ワクテカ」、*tmt*「（動画が）止まった」などといったアブジャド式の文字列を見ることが増えた。ただし、剝《む》き身の母音である「あいうえお」とか、「きゃきゅきょ」のような拗音《ようおん》をこのスラング打ちでどう表記するかについては、悩ましい問題なのではないだろうか。さらに、近年は携帯電話やスマホによる書き込みの増加により、これらも減少傾向にある。流行の遷移が早い。「（笑）」が「w」になって、「笑」や「草」へとまたぞろ変化したように、これらの入力ツールではアブジャド式は却って不便である。予測変換があるので、入力速度ベースでの流行の趣《おもむ》きが別方向へと舵《かじ》を切ったのだ。

＊4 アルファベット（**alphabet**）は、一字一音を原則とした音素文字である。英語の書記法は伝統的な綴り字を使いつつ、発音は大きく変化を遂げてしまっているので、アルファベットらしさを失っている。個人的には、複数の漢字でひとまとまりの訓読みを持つ、熟字訓に似ていると思っている（「松明《たいまつ》」「土筆《つくし》」「相応《ふさわ》しい」「茱萸《ぐみ》」「閑話休題《それはさておき》」「春夏冬《あきない》」「美人局《つつもたせ》」など）。ただし、それよりは字面からの推測が利くので、表音文字らしさもちろんある。

なお、音素文字にはアブジャド、アルファベットの他に、アブギダ（**abugida**）というのもある。基本字に義務的な母音記号を付加して書き表すもので、アブジャドとアルファベットの中間的なポジションを占める体系だ。たとえばヒンディー語を表記するのに用いられるデーヴァナーガリー文字や、サンスクリットの悉曇《しったん》文字といったインド系文字、クリー語などのカナダ先住民文字（ただし考案者はイギリスから来た宣教師）、アムハラ語などのゲエズ文字なんかが該当する。その他、たとえば、かな文字やハングル、彝《イ》文字、チェロキー文字などは音節文字という類型、漢字や東巴《トンパ》文字などは表語文字という類型に分類される。

＊5 逆に、「せざるを得ない」を耳だけで聞いて誤解した人たちが、最近では「せざるおえない」と表記し、発音も「せざる｜おえない」と区切るようになるといった、反対向きの言語変化も部分的に起こっている。

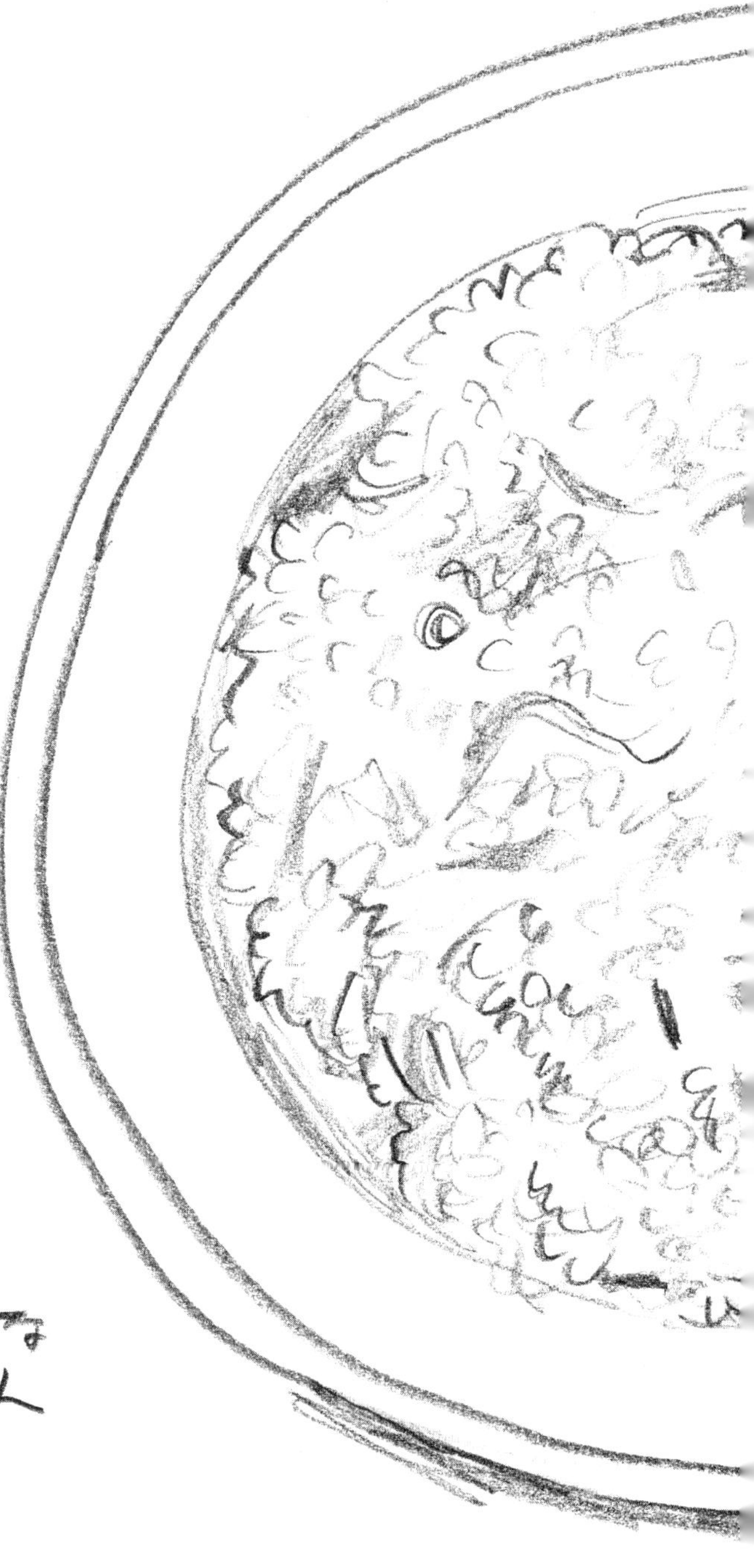

チャーハン
みたいな
ごはん

# カラーシャ語
## Kalasha

カラーシャ語ルンブール方言の基本フレーズ
（“ ´”の母音を高く、やや長く発音する）

「私の名前はノボルだ。」
マイ・ノーム・ノボル・シオ
*máy nóm noború (šío).*

「君の名前は何だ？」
タイ・キア・ノーム・シオ
*táy kía nóm (šío)?*

「どうもありがとう。」
ボ・シュクリヤー
*bó šukriyá.*

「こんにちは、さようなら。」
イシュパータ
*išpáta.*

「調子はどうだ？」
ケン・アース
*kẽ́ áas?*

「元気だ。」
プルーシト・アーム
*prúṣ̈ṭ áam.*

「また会おう。」
ゲーリ・パスィーク
*géri pasík.*

- インド・ヨーロッパ語族　インド・イラン語派　インド語派　北西グループ
- カラーシャ人 *kaḷáṣa*（カラーシ人 *kaḷáṣ*）の民族語
- 話者は約 5,000 人
- パキスタン　ハイバル・パフトゥーンフヮー州　チトラール県
  ルンブール谷、ビリール谷、ブンブレト谷、ウルツン谷
- 自称言語名はカラーシャ・モンドル *kaḷáṣa móndr*：(*móndr*「言葉、語」)

*

2008 年から調査。

谷ごとに多少の方言差がある。 たとえば上記のモンドル *móndr*「言葉、語」は、ウルツン谷ではマンドル *mándr* だし、ルンブール谷ではモン *món*（あるいは、ムン *mún*）である。 ちなみに、日本の密教などで登場する呪文である、マントラ *mantra*（「真言《しんごん》」などと訳される）と、カラーシャ語のこの単語は、語源的に同じである。

話者人口こそ少ないが、老若男女を問わずカラーシャ人のほとんどがこの言語を話しているので、ユネスコがカラーシャ語を非常に深刻な（severely endangered；老年層しか話さず、中年層は理解可能、若年層は話さない）危機言語と定めているのは違和感を禁じえない。 なお、ユネスコはブルシャスキー語も脆弱な（vulnerable）危機言語、ドマーキ語も非常に深刻な危機言語としている。 ドマーキ語とカラーシャ語との言語状況は、誰が見ても露骨に異なっているのに、だ。

印欧語には珍しく、男性名詞、女性名詞の区別がない。 ただし、コワール語と同様に、コピュラ動詞を有生性《ゆうせいせい》で区別していて、有生物《ゆうせいぶつ》ならアースィク *ásik*（不定詞形）、無生物ならシーク *šík*（不定詞形）となる。 たとえば三人称単数の現在形なら（セ・）アサオ *(sé) ásao*「（彼／彼女は）〜だ」と、（セ・）シオ *(sé) šío*「（それは）〜だ」となる。*ásik* の活用形は、しばしば s 音が脱落し、たとえば（ア・）アサム *(á) ásam*「（私は）〜だ」が（ア・）アーム *(á) áam* と発音されたりする。右ページの例文も参照のこと。上記の子音脱落による母音連続から実現する長母音《ちょうぼいん》を除いて、基本的に母音の長短による区別がない。 ただし、基本五母音 /i, e, a, o, u/ が、口音か鼻音か、直舌《ちょくぜつ》か反舌《はんぜつ》かによって、2 × 2 の四通り（/a, ã, ạ [a˞], ạ̃ [ã˞]/）に化けるので、ざっと 20 種類の母音が区別されることとなる。

# カラーシャ語
# アバヨー！ 舌の疲れることば

（※音声の話なので音声記号が多く出てきますが、分からない場合はその記号の形（点が付いてるとか、「～」が付いてるとか）だけ見てくだされば大丈夫です）

## 似て非なる双子の言語

カラーシャ語とコワール語は、二卵性双生児のように似ている。

鋭い人は、「エッ、それって単なる兄弟姉妹と同程度じゃん」と思うかも知れないが、こんな書きかたをしたのにはれっきとした理由がある。最初は「一卵性双生児」と書いたのだが、改めてあれこれ考えてみたら、そこまで似ているとは言いきれない気もしてきて、けれども同じ語派の同じグループに属している他の言語と対比してみると、やっぱりこの二言語は似ているんだよなぁ……といった逡巡から、最終的に「二卵性双生児」と書いたのである。結局だから、まぁ、めっちゃ似ている姉妹程度だと考えてほしい。ちなみに、言語はしばしば女性に準《なぞら》えられ、姉妹だの従姉妹《いとこ》だの母娘だのと喩《たと》えられる。言語の系統的グループを家系に準え、ある言語を親に子言語が誕生するといった視点から、子を産むのは女性であるという発想でそう喩えるのだと、昔、誰かに聞いた。

たしかに、この二つの言語は地域的にも隣接しているし、両言語をペラペラと話すカラーシャ人に言わせれば「習得も簡単だった」とのことなのだから、（どこまで信用できるかはさておき）似ているのだろう。単語も共通しているものや、規則的に音対応させれば良いだけのものが多いし、動詞の活用形も類推が利く。コワール語は方言差があるようなので、ちょっと簡単に言うのは気が引けるけれども、少なくともカラーシャ語と、その近隣で話されているコワール語は、やっぱり双子の姉妹みたいなものだろう。

とは言え、それでも別言語。もちろん、異なっている側面もある。

個人的にその差異の代表格と思っているのが、カラーシャ語に見られる、へんてこな発音である。何とも素人臭い書きかたをしているが、僕は耳があまり良くなく、音韻論[*1]が苦手なのだからしかたがない（※本当はしかたがなくはない）。

## 耳慣れない母音の話

その変な音には薄々気付いていたのだが、いよいよ本格的に気付いたのは、忘れもしない、あるムスリム男性の結婚式のときだった。二〇一六年にルンブール谷へ調査に入ったとき、とある神さまの祠《ほこら》（というか偶像）を見ようと、拠点としていたバラングルー村の二つ隣の集落であるカラーシャグロム村を訪れると、たまたまそこで結婚式があったのだ。今もだが、二〇一六年当時も、ルンブール谷のあるハイバル・パフトゥーンフワー州チトラール県では、外国人は二十四時間体制で警察官を引率させなければ行動できない。[*2] このときの約二週間、僕に付いていた警察官は、ちょうどバラングルー村出身のカラーシャ人で、周囲の村々にもかなり顔が利いた。[*3] 唐突に村に来た外国人である僕も、結婚式の場に同席することとなり、かと言って居場所がなかったので、庭先で山羊を屠《ほふ》って祝いの料理を賄《まかな》っていた男性陣のかたわらで、屠《と》殺《さつ》を見物したり調理を見物したりしていたのだ。肉の煮込みが進み、だいたいの料理ができあがってきたころあいになると、ちょいちょいみんなが抓《つま》み食いを始める。そして、ある男が、僕のところに謎の肉を持ってきた。

「食え。こいつはご馳走だから、外国から来たお前にやろう」

そう言って手渡されたのは、赤黒い何か。外側は硬く焼けているが、弾力があって、中は半生《はんなま》だった。

「生《なま》焼けのそれを食べると、歯が丈夫になるんだぞ。ほら、冷める前に食え」

男も、警察官も、早く食えとせっつく。

調査中は特に体調管理が難しいので、慎重に対処したいところではあったが、かと言って無下に捨てたりなんかもできないので、意を決して齧《かじ》り付く。思っていた以上に弾力があるし、ほぼ生の内部は筋張《すじば》っていて非常に食べづらい。血《ち》腥《なまぐさ》い。肝臓みたいな匂いだが、歯応えがそうではないと語っている。

「これは……何？」

そう聞くと、なかばカラーシャ語のインフォーマントにもなっていた警察官が答えた。

「prạa だよ」

……聞き取れない。

「プラー」とか、「プレア」とかに近い音に聞こえたのだが、そんな感じに発音し直してチェックしてもらうと、違うと言われた。今、ここで「ạ」と書いた音（そのときのノートでは「práa?」と書いていた）が、巧く聞き取れていなかったし、発音できなかったのだ。

そして、それが何であるかも分からなかった。何かしらの臓器であることしか把握できない。説明してもらうと、「黒くて、胃の上にある」と言われた。どういう働きをする臓器かは彼らも知らない。山羊特有の臓器なのか、ヒトにもあるのか、そもそもそういった違いが哺乳類間でもあるのか。残念ながら解剖学を知らないどころか、高校の理科選択で生物ではなく化学を取っていた程度の僕には咄嗟《とっさ》に判らなかったのだった。こういうこともあるので、フィールド言語学を志す若者がもしもいたならば、浅くても良いので手広くさまざまなジャンルの知識を漁ることをお勧めしたい。なお、結局最終的には帰国してから特定できたのだが、*pṛ́ạa* [prá˞a] は「脾臓《ひぞう》」だった。

この「ạ」、しばしば見誤る僕の見解が正しければ、R音性母音（R-coloured vowel）である。何かと言えば、舌先を反らすように持ち上げて発音した結果、rの子音が持つような響きを獲得した母音 aだということになる。他にも、*jãghụ̃́* [ʤã˞gʱṹ˞]「胡桃《くるみ》にワインと乾燥桑《くわ》の粉末を塗り付けて数珠《じゅず》繋ぎにして乾燥させた保存食」、*hịa* [hí˞a]「心臓」、*ẽhẹ̃́* [ẽ˞hẽ́˞]「アユーン（地名）」、*apknọ́* [apknó˞]「足の裏」など、どの母音にもR音性のバリエーションがあることが判明した。母音の上に「~」が付いているのは、鼻母音《びぼいん》（鼻から息を抜く母音）である。

思わず「アバヨー！」となった。カラーシャ語で「何てこった！」「マジかよ！」といった衝撃を受けたときには、アバヨ *abáyo* という単語が叫ばれるのである。日本語の「あばよ」に似ていて憶えやすい。ああ、発音の易しい単語は心にも優しい。「あばよ」の語源って何だろう？

とは言え、ひとたびそうと解ると、それなりに聞き取れるようにはなってくる。何だ、さほど音声の難しくない言語じゃないか、ビックリさせおってからに……、などと涙目で強がってみる。

## 耳慣れない子音の話

けれども、春は短い。次に出て来た単語は「血」。「ズイ」とか「ルイ」とか聞こえる音で、僕の調査している他の言語では聞き覚えがなかった。ノートを見なおすと、二〇〇八年の段階では「ʥúi」、二〇一六年は「l̪úi」と記してある。「額《ひたい》」も「nilá」とか「nil̪á」とか記していた。

これらの単語に含まれている「l̪」が、当該の、僕にとって耳慣れていなかった音だ。おそらくは[ɫ̪（語中）~ d͡ɮ̪ˤ（語頭）]だろうと思う。あまり詳しく書いても解らない方のほうが多いかと思うが、門前の言語好きの方もあるかも知れないので一応述べると、[ɫ̪]（[l̪ˤ]）は有声《ゆうせい》咽頭化《いんとうか》歯《し》側面接近音《そくめんせっきんおん》、[d͡ɮ̪ˤ]は有声《ゆうせい》咽頭化《いんとうか》歯《し》側面破擦音《そくめんはさつおん》である。英語を習ったときに、「語末のLは『暗いL（dark L）』という、普段とは異なった、奥まってくぐもった感じの音になる」と教わった人もあるのではないだろうか。前者[ɫ̪]は、その「暗いL」の舌先を上の前歯の裏に当てて発音する感じだ。後者は、日本語の「ダ」と「ザ」と「ラ」とを足して三で割ったような音だと考えてほしい。要するに耳に新しくて真似しづらい音ってことだ。先に述べた単語は、銘々、*lụ́i* [d̪͡ʐˤúi]「血」、*nilạ́* [nìɫ̪ˤá]「額」となる。

アッバヨー！　ただでさえ、英語のRとLとの区別が苦手な生え抜きの日本人なのに、Lに二種類あるとか、勘弁してほしい。

このように、カラーシャ語は意識して単語を発音しようとすると、耳と頭が弱くてセンスの欠片も持ち合わせていない僕なんかは、舌が攣《つ》りそうになる。ここで舌を奥にやって、ここで舌先を持ち上げて、などと考えてしまい、いつまでも上達しない。

## 不思議と一向に上達しないのは

言語学者は基本的に、言語の仕組みが知りたいのであって、言語を話せるようになりたいわけではない。とは言え、何回も何年も調査に現地入りして、いつまでもロクすっぽ話せないままでいると、物凄く無能に思えてくるし、相手方にもそう見えてしまうのではないかという危惧はある。徐々にだが着実に言葉が上達していく者と、いつまでも全然上達しない者と、どちらに（無償で）協力してやろうと思えるかと言えば、前者ではないだろうか。

そんなわけで、できるだけ上達したいとは願いつつも、いかんせん調査言語の数も多すぎるし、カラーシャ語は二回しか調査できていない。今後の調査時にメキメキと上達することを期待しつつ、まだ本腰を入れていない今はとりあえず現状で良しとしよう。と、こういう考えだからいつまでも前進しないのだろうけれども。

調査してみたところ、どうやらカラーシャ語の谷の奥で話されている別言語であるカティ語にも、舌を反らすR音性母音がありそうだし、そもそも母音の種類がカラーシャ語より多い。谷の外で地域語として広く話されているコワール語にも、二つのL（/l/・/ɫ̪/）がありそうだということが判ってきた（あれ、やっぱこの両言語は随分と似てるかも?）。シナー語にはR音性母音も二つのLもないが、二つのR（/r/・/ɽ/）や二つのN（/n/・/ɳ/）などというものがあって、さらに難解なのだ。あああ……アッバッヨー！

「アバヨー」は驚きの度合いによって「ッ」が追加されていき、大きな驚きは「アッバヨー」、最大級の驚きはこのように「アッバッヨー」となる。かつて、バラングルー村の子供たちの前で自己紹介をしたときに、年齢を言った瞬間の子供たちの反応が、まさにそれだった。日本人はとっても若作りに見えるからなぁ。*4

さてさて、そんなふうに舌が縺《もつ》れそうな研究対象諸言語のことを考えると、ブルシャスキー語やドマーキ語の音韻体系は、僕の能力の限界にマッチしていて、大変平たく宜しい気がしてくる。ああ、やっぱり初志貫徹でブルシャスキー語に専念しようか。いやいや、そのブルシャスキー語を深掘りするために、こういった周辺言語を調べているんだった。残された道は、耳（音韻脳）を鍛えるしかないのだろうか。どうしてRが三つ（/ɾ/・/ɽ/・/ɽʱ/）もあるウルドゥー語を大学で専攻してしまったのだろうか。どうして日本語なんていう、音素目録の小さな言語を母語として育ってしまったのか。こうして無能の咎《とが》をなすり付けようと、主因から目を背けては、あらぬ恨み節を八方へと輻射《ふくしゃ》して生き存《なが》らえているのであった。もっとマジメに生きなければとは思いつつ。

＊1　ある音声言語の、音の作りに関して考察する分野。広い意味で言語の「文法」と言った場合には、音韻論・形態論・統語論の三分野を総じたものを指すことが多い。形態論は、単語などの要素の内部構成がどうなっているかを考察する分野。統語論は、単語などの要素をどう並べて文を作ったり改変したりするかを考察する分野である。

＊2　二〇一九年三月、この縛りが解除されたとの情報を得た。その真偽は、この本が刊行されるころに、実際に現地で確認しようと思う。

＊3　カラーシャ男性と結婚した日本人女性のワダさんが現地に滞在しているときには、この警察官が専属のように毎回、ワダさんに付いていているらしい。訪問時はワダさんが一時帰国中であった。ワダさんに関しては参考文献のわだ（一九九五）も参照のこと。

＊4　たとえば三十代になってから、現地で新しく知り合った連中に訊かれて年齢を伝えると、十中八九は言い間違いだと指摘された。「幾つだ？」に「三十三（テエンティース *tẽtīs*（تینتیس））」と伝えたら「二十三（テーイース *tēīs*（تیئیس））か、若いな」って言われる。「三十六（チャッティース *čhattīs*（چھتیس））だよ」と言えば、「二十六（チャッビース *čhabbīs*（چھبیس））と正しく発音しろ」。「三十八（アルティース *aṛtīs*（اڑتیس））さ」と答えれば、「違う、二十八（アッターイース *aṭhāīs*（اٹھائیس））だ。まぁ、ウルドゥー語の数字は難しいもんな」。僕の若作り性を自慢しているわけではなく、日本人であれば得てして誰もがそうなるべってな話だ。

# フンザ人からパキスタン人へ

## パキスタン航空の思い出

二〇一九年一月十四日、パキスタンのDAWN紙に「二月中旬でPIA（パキスタン国際航空）の東京便を終了」といった記事が出た。これにより、日本からパキスタンへの直行便は消えた。

PIA（成田〜イスラマバード便）は、言ってしまえば古いオンボロな機体に、劣悪なシート、座席ポケットは破れ、個人用モニターなどはなく、食事のチョイスも乗務員が勝手に決め、頻繁にトイレが詰まるという、空飛ぶ最安値ドミトリーみたいな路線だった。ルートもちょいちょい変わって、二〇〇四年、最初に僕が利用したときは、成田〜北京〜イスラマバード〜カラチだったが、その後、カラチではなくラホール行きに変わった。なお、途中の経由地では機内でじっとしているだけで、空港へと出ることすらできない。一度、イスラマバードに行かずにラホールへ行き先変更し、空港近くの粗末な宿に一泊させられたこともあった。最近は僕が大阪府民となったこともあってＰＩＡは利用していないのだが、成田〜北京〜イスラマバードという路線になっているらしいとの噂も聞いている。そして、二月中旬からは北京〜イスラマバードだけを結ぶ。*1

## 走るＰＩＡで桃源郷へ

話は変わって、僕が初めて行った調査地はフンザ谷だったし、そのとき（から数年間）使った交通手段は長距離バスだった。バス会社は二つあったが、運賃や乗り心地など、あらゆる面でその二社はドングリの背比べでしかない。二〇〇四年、最初にフンザ谷へ行ったときの日記を読み返してみると、「走るＰＩＡだ」とバスの感想が記してあった。最悪の気分だったという思いが露骨に滲《にじ》み出ている。

そんな走る最安値ドミトリーで、グングン標高が上がってグングン速度も上がって、ほぼ一日掛けてイスラマバードからカラコラム山脈の中へと飛び込んだのだ。運転手がずーっと、やたらと臭いタバコを吹かしているなと思っていたが、降りるときに聞いたら、タバコではなくマリファナだった。むろん、違法なのだが、長距離運転には欠かせないのだと言っていた。真っ暗闇の崖《がけ》っ縁《ぷち》の道を高速で飛ばしていたのが、どれほど死の縁だったのかと、改めて思い知ってゾッとした。当然ながら、帰路だってバスだ。

這々《ほうほう》の体《てい》で到着した、不老長寿の「桃源郷」などとも一部で称される、フンザ谷。生まれて初めて聞く生のブルシャスキー語にも心震えたが、それ以外にも、じーんと胸を打つものがあった。

村人たちの、あたたたかさというやつだ。

不慣れな言葉を使ったものだから文章で噛んだ。それくらいに、村人たちは温かく感じられた。

思えば数ヶ月前に、「初めてのパキスタン」で留学をし、大学の寮ではパンジャーブ州出身のパキスタン人二名と相部屋になって、（パンジャーブが悪いというわけではないが）たいそう滅入っていた。イスラマバードという都会の薄い人情に嫌気が差していたとも言える。

そんな中で訪れたフンザ谷では、朴訥《ぼくとつ》な連中がニコニコと話しかけてくる。ニタニタ笑いながら遠巻きに「ガイジン」を眺めるパキスタン人ではなく、人を人として扱ってくれるフンザ人たちが嬉しかった。

現地で出会ったこどもたち。
石の階段の前。

## フンザ谷へようこそ

真っ昼間から商店街で店を開けたまま放っぽり、双六《すごろく》をやったりトランプをしたりしていて、長閑《のどか》な奴らじゃないか。道端に数名で固まって座り、道行くバックパッカーの女性を眺めては「良い尻だ」だの「好みだ」だの言っていて、まるで初心《うぶ》な男子高校生みたいじゃないか。「ワンペン！　ワンペン！」とボールペンをねだりつつあとに付いてくる子供たちも、「写真を撮れ」と喚《わめ》き散らすガキどもも、田舎田舎しくて我慢できる。悪い癖になるだけだから、絶対にペンなどやらんが。

思えば、ブルシャスキー語の「現地」に初めて足を踏み入れたことで、僕の眼や脳にはフィルターが掛かっていたのかも知れない。けれども、そのときは本当に、良い場所だと思ったのだ。

道を行くと、やたらと話しかけてくる若者衆。僕がウルドゥー語や片言《かたこと》のブルシャスキー語を返すと、大喜びで食い付いてきた。そして、あれやこれやとプライベートな情報（兄弟の数、親の仕事、既婚か未婚か、親の給料、兄弟の仕事、兄弟の給料、日本からパキスタンへの渡航費、宿代など）を訊き出そうとしてくる。それが流儀なのだろうとは思ったが、あまりにも根掘り葉掘りでうんざり……退屈……、いや、何度も同じやり取りをすることで、ブルシャスキー語の学習になった。

一通りの尋問が終わると、たいがい彼らは次に、「フンザはどうだ?」と訊くのがセオリーだった。

フンザ谷は良い。景色は綺麗だし、標高が高いからか、清冽《せいれつ》とした空気がほど好い刺戟《しげき》となって肺に刺さっていた。外国人にもほどほどに慣れている感じがして、疎《うと》まれている気配がないのも良い。酷いレベルのぼったくりもなさそうだし、一〇mごとにお茶に誘われたりして、ウェルカム感が強かった。イスマーイール派という彼らの宗派の影響もあるのか、開放的で穏やかな雰囲気が心地良いのだ。

フンズロ・ダウルシャバー *húnzulo dáurušabáa*「フンザはまったりできるね」。

僕がそういった返事をすると、さもありなんと得意げな面持ちになって彼らは、嬉しそうに、かつ、満足げに笑うのだった。「俺たちはフンザ人だからな!」と。

# フンザ人の誇り

フンザ谷を含むこの一帯は、パキスタンが実効支配している地域ではあるが、正式にはどこの国家にも属していない。パキスタンの通貨《ルピー》が流通し、学校では国語としてウルドゥー語が教育され、パキスタン軍の保養施設などがあったりもするが、インドに行けば「インドだ」と主張されている地域なのである。一九七四年まではフンザ藩王国としての立場を残していたが、その後、実質的にはパキスタンに帰属した形で、現在に至っている。

パキスタンには地元のターリバーンが闊歩《かっぽ》していて、あちこちでテロ攻撃を行っていたりするだろう。あれがパキスタン人だ。シーア派も、スンナ派もダメだ。だが、俺たちフンザ人はイスマーイール派だから、そんな真似はしない。それが彼らの謂《い》いであった。

個人的な信条として、自分らを持ち上げるために他者を貶《おとし》めるという手法は、好まない。だから彼らの、「パキスタン人＝悪」であり、自分たちはそれとは違うんだと主張する語りかたには、随分ともやもやさせられたが、いずれにしても彼らフンザ人（民族としてはブルショ人）は、下界の連中とは気性が異なるのだと自認していた。

そこに、フンザ人の誇りが見て取れた。

## 朱に交われば赤くなる

それから月日は流れ、僕はもう十年以上もフンザ谷の様子を定点観測してきている。

最初は一〇〇ルピーだった宿代は、今では一〇〇〇ルピーに値上げされた。三〇〇ルピーだった城の入場料も八〇〇ルピー。土産物屋も、品々は変わらず、値段は倍増。谷には以前いなかったパキスタン警察が駐在するようになり、観光業に携わっていない村人たちは観光客と距離を取るようになった。道を行っても家に誘われることは減り、昔は写真をせがんでいた女性陣は、ショールで顔を隠しがちだ。

自然災害を「アメリカの工作員の仕業だ」と嘯《うそぶ》いたり、フンザ谷でのマイノリティであるシーア派の集会では「イスラエルとアメリカは敵だ！」とスピーカーで喧《かまびす》しく言い放っているのを見かける。新聞でパキスタン国内のテロを見ても口を噤《つぐ》み、国外のイスラーム教徒の多い国での紛争に対して、関心を高めた。

いつの間にか、フンザ人は、小バカにしていた「パキスタン人」と同色になっているではないか。

朱に交われば赤くなるとは言うが、たった十年ちょっとで、粗野で金に五月蠅《うるさ》いと低地の人々を卑下していたその舌の根も乾かぬうちに、都市物質文化に憧れてお金が大好きになっているようにしか見えない。異なる者としての矜持《きょうじ》は、自尊心は、どこへやらだ。

近年では、ネット上でバズったとかで、パキスタン人観光客がフンザ谷へと大挙して押し寄せるようになった。特に夏季は、避暑地として学生たちや家族連れが、マイカーを走らせて北上してくる。村の中で渋滞が起こり、宿は埋め尽くされ、昼な夜なにインド大衆音楽を爆音で垂れ流し、村人たちの写真を無作法に連写してはＳＮＳに投稿する。土埃《つちぼこり》は舞って空気は澱み、時間外で閉門している城の敷地に侵入し、食い散らかしたゴミで道路脇を埋め、地酒をせびったり、地元音楽隊を雇って乱痴気ダンスパーティーをしたりと、猖獗《しょうけつ》を極める。正直、大変に居心地が悪くなった。

そのさまを見て、フンザ人たちは再び脱「パキスタン人」化しはじめている部分もある。「俺たちはパキスタン人とは違う」と主張する気風が戻ってきたのだ。けれども、それは騒々しさとか、傍若無人さとかいった判りやすい部分に限った話であって、相変わらず、一度好きになったお金のことは大好きだし、自分たちだってSNSに外国人観光客女性とのツーショット・セルフィーを載せたり、携帯電話から大音量でブルショ音楽を流したり、ゴミをその辺に投げたりしている。

ああ、フンザ人の気概はもう、永遠に失われてしまったのかしら。

＊1　とのことであったが、同五月三十日から、再び運航しているらしい。どうしてそう、コロコロと変えたがるのか。あるならある、ないならないと定めてくれればまだ良いのだが、利用・紹介する身として、こういった朝令暮改の姿勢が最も困る。

# 言語系統と言語領域

## 言語系統と語族

言語には血統がある。

別にそれは、血統書付きだと品位が高くて、雑種は下に見られがちであるだとか、そういった資本主義的な卑俗な価値観を導入する話ではない。そもそも言語は本来、お互いに常に等しい価値を持っている。

そうではなく、言語をグループ分けする際に、系統関係によって分類することができるぞ、といった意味での、血脈のように連なるグループが存在していて、それをここでは血統と呼んだまでである。そういったグループは英語で"language family"、日本語で「語族《ごぞく》」と呼ばれている。言語学用語は、基本的には英語ベースで流布され、そこから日本語に訳されているものが多い。“family”というのだから、平たく訳して「家族」と言いたいところだが、言語の場合のそれは、ヒト、あるいは生物の家族とは異なって、嫁取り／婿取りといった婚姻システムがないため、ニュアンスがずれてしまう。理窟の上で、言語は交配せずに単為生《たんいせい》殖《しょく》のようにして母言語《ははげんご》から（複数の）娘言語《むすめげんご》が生じるため、血統としてのまとまりは、遡れば必ず数が減っていって、いずれ一つの祖語に行き着くように立てられている。いや、立てられていた。

　生物の分化（進化）と同じように考えていただければ良いかと思うのだが、生物の場合は全てが単一の祖先に行き着くのに対して、言語の場合は、一般的には、複数の祖先までしか遡らないと考えられている。そのため、語族ももちろん、世界には複数ある。だいたい、一〇〇以下程度であろうか。

　そう言えば、生物の分類でも、“family”はある。近年の一般的な分類では、大きなほうから順に、ドメイン（domain）＞界《かい》（kingdom）＞門《もん》（phylum）＞綱《こう》（class）＞目《もく》（order）＞科《か》（family）＞属《ぞく》（genus）＞種《しゅ》（species）と括《くく》られている。言語の場合は、それこそ語族ごとの研究業界で流儀が異なりはするが、語族（family）＞語派（branch）という上下関係がある。トランス・ニューギニア語門とか、彝語支《イごし》とか、ダルド語群とか、色々なサイズのグループにさまざまな呼称を充てているものもあるが、何層立てるかを考えたら、いちいち異なる訳称を充てずに、語族より下位のグループは大小関わらず全て「語派」と呼んでも良いのではないかと思う[*1]。

たとえば、僕の研究言語の一つであるシナー語は、インド・ヨーロッパ語族＞インド・イラン語派＞インド語派＞北西インド語派＞シナー語という位置付けになるし、カティ語は、インド・ヨーロッパ語族＞インド・イラン語派＞ヌーリスタン語派＞カティ語となる。我々ヒトが、真核生物ドメイン＞動物界＞脊索動物門＞哺乳綱＞サル目＞ヒト科＞ヒト属＞ヒトであるのと、同様の分類である。

インド・ヨーロッパ語族というのは、ユーラシア大陸を中心に世界で最も広域に分布している語族の一つで、その名のとおり、かつて「インド」と呼ばれていた地域である南アジア[*2]から、ヨーロッパに掛けて分布している。そこには、バングラデシュのベンガル語、インドのヒンディー語、スリランカのシンハラ語、イランのペルシア語、ヨーロッパのギリシア語、ポルトガル語、アイスランド語、英語、ドイツ語、ロシア語などといった、いわゆる「有名どころ」の言語が多く含まれている。最も有名な語族と言っても過言ではない。ただし、では南アジアやヨーロッパにはその語族の言語しかないのかと言えばそんなこともなく、南アジアにはドラヴィダ語族、シナ・チベット語族、タイ・カダイ語族、オーストロアジア語族、大アンダマン語族といった語族の言語もある。さらには、それらの語族に属していないブルシャスキー語、ニハーリー語、クスンダ語や、ヴェッダー語がある。ヨーロッパにだって、ウラル語族、チュルク語族、アフロ・アジア語族の言語や、バスク語がある。

## 言語の独居者

ここで挙げたブルシャスキー語、ニハーリー語、クスンダ語は、何語族に属しているのか。これらの言語は、「どの語族にも属していない」と考えられ、そういう言語を系統的孤立語などと呼ぶ。ただし、厳密には、「どの語族とも血統関係が証明されていない」というほうが慎重な姿勢であって、系統不明の言語として扱うべきだと考える研究者もある。とは言え、(系統関係が)ないことの証明は、消極的事実の不可能な立証であり、どれだけ筆舌を尽くしても、決定的にはなりえないのだから、過剰に慎重になるのもどうなんだろうか。しかも、いずれかの系統には属しているんだけど、どの系統かは定めあぐねている、系統未詳言語というのも世の中には存在しているので、それとは積極的に区別したい。

見かたを変えれば、系統的孤立語は、それぞれがそれぞれの語族に属していて、けれどもその語族のメンバーはそれぞれの個別言語自体のみしかない状況であるとも言える。すなわち、ブルシャスキー語はブルシャスキー語族に属す、唯一の言語である、と考えるのだ。何百も言語を含み持っている語族もあれば、数言語しかメンバーのない語族というのもある。語族内の言語が次々に死滅して行って、残り一言語しかない語族だってありうる。だとしたら、ブルシャスキー語族にブルシャスキー語しか含まれていなくたって、良いじゃないか。

日本語も近年まで、系統的孤立語として考えられてきていた。けれども、危機言語保存などの政治的な意図やら何やらも絡んで、かつて「方言」とされていた幾つかの変種が、「言語」として独立した（与那国《よなぐに》語、宮古《みやこ》語など）お蔭で、今では日琉《にちりゅう》語族、あるいは日本語族と呼ばれる語族のメンバーとなっている。言語と方言の境界がもともとよりファジィなので、そういった変化とてさもありなん。世間ではまだそう呼ぶのは少数派だが、僕はブルシャスキー語も、東ブルシャスキー語と西ブルシャスキー語として、二言語に分けて考えたい派だ。そう捉えるならば、これだってもう系統的孤立語ではない。

## 同じ語族だからこそ似ている

語族内の言語は、多かれ少なかれ共通項がありがちである。それもそのはず、単一の始祖から枝分かれして変化してきた別々の言語なのだから、共通項があっても当然なのである。

たとえばインド・ヨーロッパ語族に属するウルドゥー語やヒンディー語では、「石」のことを“patthar（پتھر / पत्थर）”と言う。一方で、英語には“petroleum”「石油」、“petrify”「石化する」といった単語があるし、イタリア語では「石」を“pietra”、ガリシア語では“pedra”などと言う。P-T(D)-Rといった音が含まれていて、互いに似ているではないか。過去に遡ってみると、「石、岩」のことを、古いインドの言語であるサンスクリットでは“prastaraḥ（प्रस्तरः）”、古いヨーロッパの言語であるラテン語では“petrus”、古典ギリシア語では“pétros（πέτρος）”と言っていた。もっともっと遡れば、きっと、いずれどこかで単一の語形に行き着くのである。なお、聖書に登場するペテロ／ペトロ*Petro*は、本名がヘブライ語でシメオン*Šim'on*（שִׁמְעוֹן）であるが、イエスがアラム語で「岩」を意味するケーファー*Kēpā*（ܟܐܦܐ / Κηφᾶς）という綽名《あだな》を付け（マタイ伝 一六：一八）、それがギリシア語訳されて上述のとおりペトロス*Pétros*（Πέτρος）、ラテン語訳されてペトルス*Petrus*となっている。英語ならピーター*Peter*、フランス語ならピエール*Pierre*、ドイツ語ならペーター*Peter*、ロシア語ならピョートル*Pjotr*（Пётр）が対応する。もしも和訳したら、巌《いわお》さんとでもなるだろうか。

### 違う語族でも似ることがある

とは言え、共通項は系統関係になくても発生する。それは、語彙《ごい》に関しても、文法に関してもである。何なら、言語以外の文化様式や物語に関してすら、個別性や系統の垣根を越えて、影響し合い、共有されたりする。

一例を挙げるなら、お茶が適任だろう。日本語で「チャ（茶）」。英語で"tea"。ブルシャスキー語"čái"、タイ語"čhā（ชา）"、モンゴル語"čay（ᠴᠠᠢ/ цай）"、朝鮮語"cha（차）"、グルジア語"čai（ჩაი）"、カパンパンガン語"cha"、トリンギット語"cháayu"、アゼルバイジャン語"çay"、アラビア語"šāy（شاي）"、アムハラ語"šay（ሻይ）"、ディヴェヒ語"sai（ސައި）"、ハンガリー語"tea"、フィンランド語"tee"、ジャワ語"tèh"、バスク語"te"、コイアリ語"ti"、テルグー語"tēnīr（తేనీరు）"、タミル語"tēnīr（தேநீர்）"、リトアニア語"arbata"、ベラルーシ語"garbáta（гарбата）"などと、多くの言語で、「チャ」とか「シャ」とか「テ」とかいった単語になっている。ではこれらの言語は全て同じ系統かと言えば、もちろんそんなことはない。ならばどうして共通性を見せているのか。答えは、歴史的に、中国から茶が世界へと広まっていったという事実にある。広州・香港・マカオから茶が広まった地域では広東語《カントン》の"chàh（茶）"が、泉州・アモイから茶が広まった西ヨーロッパなどでは閩語《ミンご》の"tê（茶）"がもとになって、名称と物とが一緒になって流布したものと考えられる。なお、テルグー語・タミル語の"-nīr"は「水」という意味だし、リトアニア語・ベラルーシ語（他にポーランド語・カシューブ語なども）に含まれている"(g)arba-"はラテン語で言う"herba"「草、ハーブ」のこと

だ。ハワイ語では"kī"だが、これは/t/の音がないので/k/の音で代替しているのである。

だが、世界中全ての言語でお茶に関して中国由来の語彙を使っているわけではない。ビルマ語"lak hpak（လက်ဖက်）"、アイマラ語"pulu"、チェロキー語"ugalogẽ（ᎤᎦᎶᎨ）"、大アンダマン混成語"kašar"、エロマンガ語"nunau"「茶、強い酒」（直訳「調理した水」）、ナヴァホ語"ch'il ahwééh"（直訳「コーヒー草」）など、全然異なった語を用いる言語もある。これらの中には、もとより茶葉に親しんでいた文化の言語もあれば、茶の木のお茶じゃないんだけどお茶に相当しそうな飲料を持っていた文化の言語もある。世界の文化のバリエーションは豊かだし、各言語において外来物の名称に対する姿勢も区々《まちまち》なので、固有名以外で、ある言語のある単語が全世界を席捲《せっけん》するだなんてこと、なかなか起こらないのだ（日本語は比較的、外来の名称に寛容である）。

## 言語領域とは

ここまで大きな影響でなくても、近隣の言語の間で、系統とか関係なしに似た特徴を共有することは多くある。日本語（日琉語族）、朝鮮語（朝鮮語族）、タイ語（タイ・カダイ語族）などは、漢語、つまり古い中国語（シナ・チベット語族）から影響されて、系統的には全く別であるにもかかわらず、相似した数字の数えかたを持っている。ひ、ふ、み、よ……、

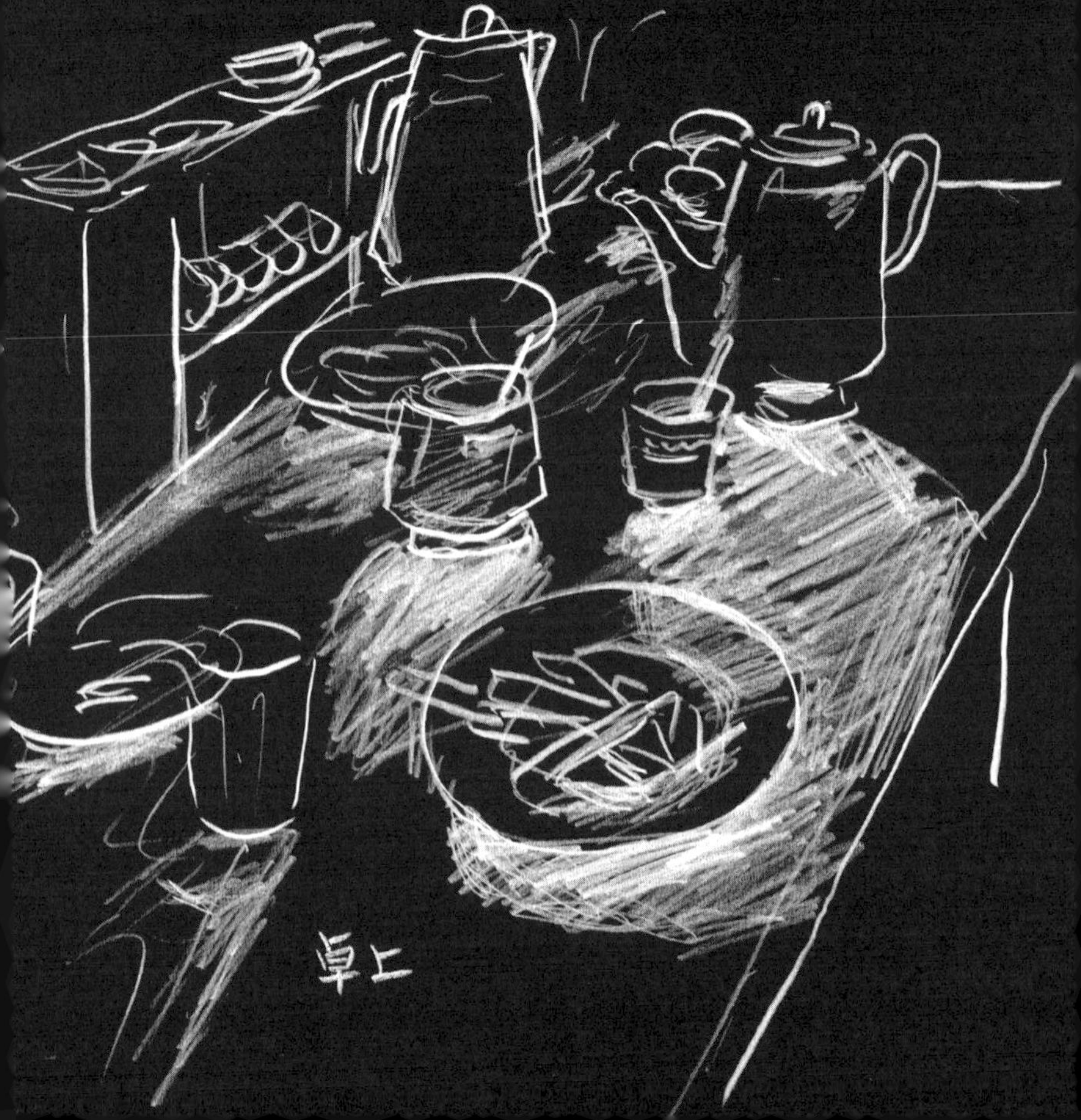
卓上

ではなく、イチ、ニ、サン、シ……のほうだ。

そういった共通特徴が、ある決まった地域で色濃く見受けられる、その地域一帯が朱に交わって赤くなっているような場合に、その地帯を「言語領域（linguistic area）」「言語圏」といったり、そういった言語群のありさまを「言語連合（linguistic union）」と呼んだりすることがある。個人的には、意志的に連なり合わさっているわけではないのだから、「連合」という表現は好きではないのだが。上で述べた東アジア一帯は、漢字文化圏とも言われるが、要するに強い影響力を持っていた漢語から、多かれ少なかれ影響を受け、似た部分を持ち合わせているということである。地域的な特徴が複数、束になって見受けられると、特に際立った領域が見えてくる。

似ている兄弟は血が繋がっているが、似た者夫婦は血が繋がっていない。飼い主に似たペットももちろんんだ。それでも、一緒に暮らしている中で、同色へと収斂《しゅうれん》していった結果、似る。言語もしかり。隣接したりして接触しているうちに、知らず知らず足並みが揃うのである。

有名な言語領域として、バルカン半島のそれ（Balkansprachbund）がある。そこで話されている言語（ギリシア語、ブルガリア語、ルーマニア語、アルバニア語など）はいずれもがインド・ヨーロッパ語族の言語ではあるが、たとえば今名前を挙げた四言語を見れば、系統的には姉妹と言うほど近くはなく、従姉妹《いとこ》とか再従姉妹《はとこ》とか、要するに語派が違っている。それなのに、長年の隣人として、英語の“the”に相当する要素を名詞の後ろにくっ付ける「後置冠詞《こうちかんし》」と呼ばれるものを持っていたり、属格《ぞっかく》と与格《よかく》の合流（無理に日本語で喩《たと》えれば、「ノボルの」と「ノボルに」との区別がなくなった感じ）、場所格と方向格の合流（同じく、「日本で」と「日本へ」との区別がなくなった感じ）などを見せていたりする。

## 南アジア言語領域

もっと広い範囲をカバーする言語領域もあって、その代表格が南アジア言語領域である。先述のとおりに南アジアには多くの語族や系統的孤立語が分布しており、言語の総数は八〇〇以上を数える。

それらの言語の多くで共通した特徴として、たとえばＳＯＶ（主語―目的語―動詞）語順を好むということがある。これは日本語と同じで、英語（ＳＶＯ型）と異なる好みであって、じつは世界の言語の約半数がＳＯＶ型なので、まぁ珍しい特徴ではない。

あるいは、南アジアの言語はほとんどが能格《のうかく》言語でもある。自動詞の主語が他動詞の目的語と同じ形（「絶対格《ぜったいかく》」と言う）を取り、他動詞の主語は別の形（「能格」）を取るといったタイプの言語が、この地域には多い。日本語や英語とは異なっていて、日本でメジャーな扱いを受けている言語にはあまり見られないタイプなのでピンと来ないかも知れないのだが、それでも、世界中を見渡せばそう珍しいわけでもない。グルジア語、バスク語、シュメール語（死語）、エスキモー諸語なども能格言語である。ちなみに、日本語などのように、自動詞・他動詞の主語が同じ形（「主格《しゅかく》」）で、他動詞の目的語が別の形（「対格《たいかく》」）を取る言語は、対格言語と言う。

その他にも多くの共通特徴があるのだが、割愛しよう。とにかく、南アジアは全体で一つの言語領域をなしていて、系統を超えて雰囲気の似た言語が、ところにより疎《まば》らに、ところにより蝟集《いしゅう》して、ごまんと分布しているのだ。

## 多層的に拡がる言語領域の輪

そして、身元として選択的である言語系統と異なり、別次元の、言語領域的特性、もっとざっくばらんに言えば地域特徴は多層的たりうる。ドラヴィダ語族の言語は、同時にインド・ヨーロッパ語族の言語にはなれないが、南アジアの西端で話されている南アジア的特徴を有している何らかの言語が、同時に西アジア的特徴をも有している可能性はあるし、もっと小さな範囲でのみ共有されている特徴を持っていることだってあろう。

具体例を身近なところから挙げれば、茨城県の方言では、前文の末尾などの「あろう」を

「あっぺ」、「行こう」を「いぐべ」などと言う。東京で田舎っぺなどと呼ばれてバカにされる「〜ぺ／べ」による意志や推量の表現は、東京中心部を除いた関東（または東日本）全域で見られる。つまり、関東方言の特徴である。一方で、イとエとの区別が曖昧で、母音間の清音《せいおん》（/k, t/）が濁音《だくおん》（[g, d]）で発音されるという特徴もあって、「駅」や「息」がどちらも「イギ」となるような、東北方言的な部分も見られるし、福島方言などと同じく、アクセントによる「席」と「咳」のような区別がなくなっている（「無型アクセント」とか「崩壊アクセント」とか呼ぶ）といった、南奥《なんおう》（南東北）方言の持つ特徴も兼ね備えている。関東、東北、南東北という別の広さで、別の範囲に広がっている地域特徴を持ち合わせているのである。言語系統的に同じであっても、地域特徴の重なり合い具合が地点ごとに異なっているため、関東方言とか東北方言とか言ってもその中には多様な変種が具現化しているのだ。

僕の調査に行っている地域は、地理的に言えばカラコラム山脈を中心に、西はヒンドゥークシ山脈から東はヒマラヤ山脈西端までといったあたりであるし、領土的に見ればパキスタン北部からインド北西部に掛けて、といった感じになる。暫定的にこれを、北パキスタンとして括ってみると、調査対象にしている言語全般に見られ、周辺の別言語にあまり見られない特徴があったり、対象言語の中でも半数くらいしか共有していない特徴というのがあったりする。

たとえば、「私は吐き気がする」のような非意志的身体動作の表現を「（何者かが）私に吐き気をさせる」みたいに言ったり、「お前は昔より老いた」のような自然生理現象の表現を「（何者かが）お前を昔より老いさせた」と言うような、非人称使役構文の用法が共通して見られる。あるいは、不定単数（英語だと冠詞“a / an”が付くような表現）を数詞「一」に由来する接尾辞で標示するといった特徴もある。数詞に関して加えて言うならば、十進法ではなく二十進法を用いている言語が多い。コピュラ（英語で言うbe動詞）が、肯定のときと比べて、否定では形式が減るなんていうのもある。こういったものを集めて、北パキスタン言語領域というのを打ち立てることができるかも知れない。

言語領域の議論は、扱う言語の数も多くなるし、その周辺の言語のネガティヴな証拠（つまり、その領域外ではその特徴が共有されていないことの証明）も必要となるので、漠然と大きな話になるし、偶発的か否か分からないような雑音となる反例もちらほら見え隠れしたりして、何とも難しい。系統の話のほうがまだ、スパッと快刀乱麻《かいとうらんま》な具合に話せたりもしそうなのだが、実際には一概にそう簡単な話でもなかったりする。結局、どの特徴が何に由来しているかが不明瞭であったりするし、生物と違って客観的に判定する基準となるＤＮＡのような要素が存在しないため、いずれにしても言いきれない部分があるのだ。全ての言語が文字を持っているわけではないので、歴史的に遡って証拠を見付けることも難しい。隣り合う二つの語族の中央に、両方の系統の特徴を半々くらいで備えている個別言語があったとして、どうやってその言語の帰属先を確定するかは、悩ましい問題になる。

## 鵺のように生まれる新言語

先に言語系統は混ざらないといった旨を述べたが、それは机上の理想世界の話であって、今となってはその前提から外れる言語も多い。婚姻システムこそないけれども、言語が混ざる現象は、幾つも確認されている。

複数の言語が、何かしらの理由から一箇所に集まってきて、何らかのコミュニケーションを必要とした場合に、系統だの何だのを全く無視して、言語同士が適度な比率で混ざり合いつつ、簡便な言語モドキが発生することがある。これを、ピジン（pidgin）と呼ぶ。ピジンは、じつは一人前の言語とは言えない。特定の、たとえば商売に関するやりとりなどだけに特化して表現が可能であって、複雑な表現とかはできなかったりするのだ。言語学者が一般的に言語と呼んでいるひとまとまりの体系は、想像しうる限りのあらゆる表現を可能とするものである。けれどもピジンはそこまでのポテンシャルを秘めていないのだ。

ただし、そうやってピジンが誕生したその地で、さらなる期間に亘《わた》って同じ言語状況が続いていると、やがて住民の中から次の世代の子供らが誕生してきて、そのピジンを母語として獲得しようとすることがある。そうなってくると、母語となったそのピジンは急激に表現力を増加させて、十全な言語として機能するように発達を遂げる。それを、クレオール（creole）と言う。クレオールは何でも表現できる、言語である。そして、複数の言語が混じって誕生した、けれども単に足し合わせただけでは説明できないような機序も備えた、新言語となっているだろう。親となった複数の言語が別々の系統の出自であれば、このクレオールの言語系統はもう語りようがない。クレオールの研究は全体的にまだそう進んでいないのだが、将来的にもそれを言語系統の観点からいじくるのは難しいのではないだろうか。そう言えば南アジアの言語としてスリランカにあるヴェッダー語の名前を挙げてあったが、この言語も系統的孤立語と考えられる先ヴェッダー語と、インド・ヨーロッパ語族のシンハラ語とのクレオールであって、改めて系統は何かと問われるとモゴモゴするしかない。

一方で、同じ語族の別の語派の言語同士の接触が多かったり、同系統の言語同士からクレオールが誕生したりすると、これはこれでまた、その言語自体の系統関係を確定するのの障害にもなるし、その言語系統の全体像を描いたり、祖語を再建したりするときにも難解さが生じる。地球上の狭い可住域をヒトが埋め尽くさんとしている昨今の暮らしでは、かつては個々に集団を作って生きていた人々の言語が、右を向いても左を向いても接触接触の嵐となってしまっている。もはやこうなってくると、言語系統の理解は限界を迎え、言語領域による影響関係の理解こそが重要になってくるのかも知れない。そしてそうなる前に、言語系統の視点からの個別言語の理解を限界まで高めなければならないのだが、マンパワーの限界とか、能力の限界とか、さまざまな障害が僕の前に立ち塞がっているので、まこと、不貞寝《ふてね》したくすらあることだ。

＊1　なお、系統関係に全く中立的に、複数の言語を何らかの理由から括る際には、「諸語」という用語がある。これは、同じ系統の言語同士を括った際にも、別系統の言語も混ぜて括った際にも使える呼称で、上述の「語族」「語派」などが必ず系統関係を含意するのとは劃然《かくぜん》と区別されるので、留意してほしい。

＊2　「インド」とはそもそもインダス川 *Indus* 流域のことだし、「インダス」とは河海《スィンドゥ》 *sindhu*（सिन्धु）のことだ。スィンドゥの語頭の /s/ が古いペルシア語で訛って /h/ になり（アヴェスター語でヒンドゥ *hindu*：ダリー語でヒンドゥー *hindū*（هندو）は「インド人」の意）、そして古いギリシア語で /h/ が脱落した（ギリシア語のインドス *Indós*（Ἰνδός）⇒ラテン語のインドゥス *Indus*）らしい。したがって、今でこそ異なる言語の名称であるヒンディー語 *hindī*（हिन्दी）とスィンディー語 *sindhī*（سندی）とは、語源的には同じである。なお、「天竺《てんじく》」も *sindhu* 由来である。

# カティ語
Kati（または Kata-vari、Bashgali）

カティ語クニシト方言の基本フレーズ
（“ ´” の母音を高く発音する）

「私の名前はノボルだ。」
イースタ・ノム・ノボル・アサ
*íiʂʈə nom noború asə́.*

「君の名前は何だ？」
テュスタ・ノム・カヨン・サ
*tű́ʂʈə nom kayṓ ᵃsə?*

「どうもありがとう。」
ブリュッ・レー・ウォル
*brük lée wor.*

「調子はどうだ？」
カェシ・スィシ
*kɛš ᵃsiš?*

「元気だ。」
レー・スム
*lée ᵃsum.*

「また会おう。」
ディ・ワランム
*di waṛā́mu.*

・インド・ヨーロッパ語族　インド・イラン語派　ヌーリスタン語派
・カタ人 *katә́* の民族語
・話者は約 25,000 人
・アフガニスタン　ヌーリスタン州　バシガル谷
　〃　ラムガル谷
　パキスタン　ハイバル・パフトゥーンフワー州　チトラール県
　ルンブール谷 クニシト村
　ブンブレト谷 ブルンブタル村
　ゴボル谷 ゴボロバク村
・自称言語名はカタワリ *katә́wәri*：(*-wәri*「言語」)

*

2008 年から調査。

ほとんど全ての言語がアフガニスタン北東部で話されている、ヌーリスタン語派の一言語。パキスタン国内でも、アフガニスタンに近接した地域にのみ、カティ語話者であるカタ人だけが暮らす集落がわずかに点在している。

方言差の有無は不明。ただし、百年前に出版されたバシガル谷のカティ語（バシガリ語）の文法スケッチ（Davidson 1902）と、現在のクニシト村のカティ語との間には、かなりの異なりが確認できる。

基本的には接尾辞を多用する膠着《こうちゃく》語で、動詞は主語の人称一致のあとに、目的語の人称一致も付く。文法上で男性と女性との区別があるようで、たとえば「お前はどこに行っていた？」が、男性に対してはコル・グッスィシ *kor gussíš?* に、女性に対してはコル・ゲイスィシ *kor geysíš?* になるなどする。

接頭辞はほぼないのだが、化石化した場所格要素として、接頭辞 *p-* がある。アム *amú*「家」、ショル *šol*「家畜小屋」、ゴチ *goç̣*「倉庫」などといった一部の名詞のみがこれを用いることができて、それぞれパム *pamú*「家に」、プショル *pšol*「家畜小屋に」、ブゴチ *bgoç̣*「倉庫に」のように表現できる。一般的には今では場所などを表すのに *=ta* という要素が用いられていて、たとえばアムタ *amú=ta*「家に」とも言える。スクル *skul*「学校」のような単語は後者しか用いれず、「学校に」を表すのにスクルタ *skúl=ta* とは言えるが、プスクル **pskul* などとは言えない（「*」は文法的に言えない表現を示す）。百年前の記録では、もっと広汎に用いられていたことが分かっている。

少なくともクニシト方言は、隣接するカラーシャ語からの影響であろう、反舌《はんぜつ》母音（R 母音）を持っている。

# カティ語

# 挨拶あれこれ

## 八年ぶりの再会

　カティ語の調査は、二〇〇八年と二〇一六年との二回しかまだ実施できていないので、まだまだ分からないことが多い。カティ語を話すカタ人たちは、僕の他の調査言語の話者たちと同じく、山間《やまあい》に暮らしている。

　カラーシャ語のところでも触れるが、パキスタン国内でカタ人の暮らしているところは、カラーシャ人の住んでいる谷の奥（アフガニスタンに近いほう）だ。二〇〇八年は、谷の中に入ってしまえば比較的自由に行動できていたが、二〇一六年時点では、あまり自由に行動できなくなってしまっていた。それでも、八年前に知り合った、名前の判る友人がいることが強みとなって、彼らの住むクニシト村まで行く許可は貰《もら》えた。

外国人の言語学者が来て調査をするなんてのは、地域・言語にもよるだろうが、まぁ滅多にないできごとであるだろう。それでも、八年ぶりともなると記憶は薄れてしまうのか、久々に会ったインフォーマントのイナーヤトは、再会した当初、僕が誰だか解らなかったようだ。少し話をしてから、ようやく「あぁー、そうだったな」とか言いつつハグをしてきた。

パキスタン（やインド）では、男性同士の挨拶では握手かハグをすることが多い。たまに、外国人女性を相手に握手やハグをしたがる奴もいるが、基本的には男女間ではやらない。親しい男女間だと、お互いの手にキスをしたりする気がする。女性同士だとどうするのかは、あんまり観察をしていないのでよく分からない。とにかく、日本で生活をしている日本人にとっては、なかなか身体的接触をすることがないので、握手・ハグはちょっと抵抗があったりもする。会社で営業をしている人とかなら慣れているものなのかな。

握手は毎日、顔を合わせるたびにでもする。ハグは、久々に会ったときなどに、特に親しい者同士でするのが基本だろう。握手かハグか、お互いに探り合ってぎこちなくなることだってある。

## カティ語の挨拶表現

さて、イナーヤトとの挨拶。ハグをしつつ、「元気か？　何をしていた？」と一通りウルドゥー語で言葉を交わしてから、ふと思った。カティ語の挨拶を知らない、と。そこで愚直に「カティ語で、会ったときの挨拶は何て言うんだ？」と訊いてみたら、何だか色々と質問が返ってきた。

相手が一人か複数かにもよるし、近所から来たのか遠くから来たのかにもよる。麓《ふもと》のほうから来たのか頂《いただき》のほうから来たのかにもよれば、男か女かも区別する。とのこと。面倒臭い！　左ページに表としてまとめたので、パキスタンやアフガニスタンなどでカタ人と会ったときには参考にしてみてほしい。移動する人がどこから会いに来るかによって変化する。なお、「♂・複」は、男女混合も含むこととする。

パターンはそう複雑ではないが、咄嗟《とっさ》に言えるかと言えば、話は別であろう。身体接触に関しては、近くからの場合は握手で、遠くからの場合はハグにしておけば、だいたい構わない。なお、別れの挨拶はどこへ行く何人の誰が相手でも分け隔てなくシュエーンイ *šuẽẽy*「さようなら」だけなので楽《らく》だ。*1

表：カティ語の出会いの挨拶表現

| | 近くから | 遠くから全般 | 遠い上から | 遠い下から |
|---|---|---|---|---|
| ♂・単 | アヨシャ *ayóša* | ウドゲシャ *uḍgéša* | チャイエシャ *čhayéša* | ニャイエシャ *ṅyayéša* |
| ♀・単 | アイシャ *aíša* | ウドギシャ *uḍgíša* | チャイシャ *čhaíša* | ニャイシャ *ṅyaíša* |
| ♂・複 | アヨサーン *ayósãã* | ウドゲサーン *uḍgésãã* | チャイェサーン *čhayésãã* | ニャイェサーン *ṅyayésãã* |
| ♀・複 | アイサーン *aísãã* | ウドギサーン *uḍgísãã* | チャイサーン *čhaísãã* | ニャイサーン *ṅyaísãã* |

## ことばと地勢

拙著『なくなりそうな世界のことば』（創元社）のハワイ語の項目で、山と海とが近い空間に暮らしている人々は、地形を方向表現に適用させやすいといったことを書いたが、山暮らしは山暮らしで、高さや距離、地形に依存させて空間認知をするものかも知れない。

グローバルに適用される東西南北という方角は、文化的にユニバーサルな概念ではない。カタ人の集落クニシト村の西はアフガニスタンのヌーリスタン州であり、それは客観的に揺るぎない。けれども、彼らクニシト村のカタ人たちが「ヌーリスタンは西だ」と言うかと言われれば、言わない。カティ語に「西」という単語が、元来、ないからだ。（敢《あ》えて言うとしたら、西はス・ピーリ *su píili*「日が沈む方」、東はスーン・ツェリ *súun chéli*「日の昇る方」）

山間の暮らしでは、どうしても移動しやすい方向としにくい方向がある。それは、川が、谷が、道が、地形に合わせて「東西南北」の指針を無視して伸びるからだ。たとえば北西から南東に伸びる谷ならば、移動しやすい方角は「北西」と「南東」であり、方角に名前を付けるならば、これら二つがベースの語彙《ごい》として発達するはずである。少なくとも、「北」と「西」とを組み合わせた「北西」という構成の単語ではなく、「北」とか「西」みたいなシンプルな（それ以上分割できない）構成の単語を好むだろう。

カティ語でクニシト村からヌーリスタンのことを語ってもらった文は、こうなった。

*katígal píẽẽ asá*「カタ人の谷（＝ヌーリスタン）は *katígal* 向こうに *píẽẽ* ある *asá*」

「西」とかではない。ピエーン *píẽẽ*「山の向こう」である。

ついでに、と言うか調査的にはこちらがメインだが、空間をどう描写するかを尋ねてみたところ、どうやらカティ語では次のような語彙が使われているようであった。

チュルーン *čhrṹũ*「上流の方」― ニューン *nyṹũ*「下流の方」
ウラーン *ulã́ã*「上の方」― ウィヤン *wiyã́*「下の方」
パーン *pạ̃́ã*「あちら」― ワーン *wạ̃́ã*「こちら」― ピミチ *pimíč*「中間」
ピエーン *píẽẽ*「山の向こう、境界の向こう」

なるほど、たしかにこれくらいの語彙で、生活空間の全てが表現できる。どちらが北かだなんてことは考える必要性が薄く、それよりも、どの谷へは下流のどの渓谷《けいこく》を通ってどう行くだとか、斜面の上だとか下だとかのほうが、重要だし実用的である。

隣のカラーシャ語でも、やはり上流／下流、上／下、山の向こう[*2]といった表現で空間参照が行われていたし、遠く東に離れたブルシャスキー語やドマーキ語でも、上流／下流、上／下、内／外といった対立の語彙で空間を表現する。山で暮らしている限り、別の民族、別の系統の言語であっても、そういうあたりは収斂《しゅうれん》進化しがちなのかも知れない。もちろん、必ずしも全ての山間言語がそうなるわけではないにしろ、だ。そしてこれらの言語はどれも、「東西南北」の単語をもともと持っていないことも解っている。なぜか。平地では便利な東西南北も、山地で暮らす上では使い勝手が悪いからだ。「北北東に村がある」より、「上流に村がある」のほうが伝わりやすいではないか。「上流の方」が指す方角は一定ではないけれど、グローバルには通じない表現でも、ローカルでは十全に機能する。少数言語の語彙が躍《やく》如《じょ》としうる場面の一つだろう。

## 多言語調査

複数の言語の調査をしていると、たった一つの言語すらちゃんと研究していないのに、別の言語に手を出すなんて……と否定的に考える人も出てくる。けれども、複数の言語を眺めるからこそ、個別の言語への理解が深まることだってある。

そもそも言語の研究に終着点などはないので、「一つ目の言語が研究しおわるまで、次の言語には行かない」などと言っていたら、いつまでも一つ目の言語しか扱えない。言語研究に終着点がないといったのは、どんな大言語であってもいまだに研究者が続々と出てきていることからも自明であろう（そして大言語のほうが研究者は増えやすい）。英語も、日本語も、中国語も、こんなにも長い研究があり、こんなにも多くの研究者がいて、こんなにもデータも豊富にあるけれど、研究し尽くされはしないではないか。

だから僕は幾つもの言語に手を出すし、うっかり何年か空けてもまた調査に戻る。そして今度またクニシト村でイナーヤトに会ったら、こちらから *nyayéša* と言ってハグをするのだ。

＊1 カティ語の挨拶は、どうやら移動する者がどこからどれくらい、というのが大事なようだ。一方で、話の相手が移動するか留まるかによって別れの表現が次のように異なるアイヌ語のような言語もある。移動していく人に対しての「さようなら」はアプンノ・パイェ・ヤン *apunno paye yan*（無事に行ってくれ）、留まる人に対しての「さようなら」はアプンノ・オカ・ヤン *apunno oka yan*（無事でいてくれ）。

＊2 パイラク *payrák*「山を越えて向こうの谷へ、境界の彼方へ」（『なくなりそうな世界のことば』：72－73）

何を仕事と考えているかと言えば、消滅する前に言語を記録することである。

# 3.

# なくなりそうなことば

## 「少数言語研究者」とは

先般、僕のことを「少数言語研究者」と紹介されたことがあった。

少数言語研究者って何だ？

少数言語だけを選り好みして研究するの？　それで、「なくなりそうだから保護しよう！」って顔するの？　それって随分と悪趣味じゃない？

僕は少数言語も研究している。けれど、それは少数言語だから研究しているのではなく、たまたま研究対象の一部が少数言語であっただけだ。それを、少数言語専門の研究者と誤解されるような「少数言語研究者」とは呼べないだろう。考えすぎと言われるかも知れないが、日本語の複合語が作る意味として、「言語研究者」が言語を専門に研究している人、「サブカ

現地で仲良くなった猫

ル出版社」がサブカルチャーを専門に出版している会社を指すのが一般的であろうことなどから、「少数言語研究者」は少数言語を専門に研究している人との読みになってしかりではないだろうか。

## なくなりそうなことばとは

世の中には六〇〇〇〜八〇〇〇を数える言語がある。その中には、消滅の危機に瀕《ひん》した言語がごまんとある。「ごまんとある」は「五万とある」ではないので、矛盾はない。何が「消滅の危機に瀕している言語」であるかという、一意の定義は存在しない。けれども、露骨にヤバい言語はある。具体的な数字を出して、幾つの言語が消滅の危機に瀕しているとは言えない。各言語の消滅は、パターンこそあれ、道筋が異なるから、予測には限界がある。

どれくらいの時間長で語っているかも定めなければ、安心か不安かは言いがたい。言語が発生してから、長く見積もってもまだウン十万年といったところだろう。さて、今の言語で十万年後まで残る言語はあるだろうか？　きっと、ない。それまでホモ・サピエンスが存《なが》らえていたとして、現代語の子孫は話されているかも知れないが、現代語はそのころには必ずや死語となっているに違いない。十万年というタイムスケールでは、世界中の全言語が消滅の危機に瀕している。

これを詭弁《きべん》と取るかも知れないが、では、妥当な時間幅はどれくらいだろうか？　千年、百年、十年、一年、一ヶ月、一日、一秒。どれを取っても、それでなければならないという正当な理由が付くような尺度ではない。任意なのだ。

『なくなりそうな世界のことば』（創元社）では、母語話者が百万人以下の言語を「少数言語」と定義し、少数言語は多数言語よりも消滅の危険度が高いことが比較的多いということから、イコールで「なくなりそうなことば」と単純化した。今述べたとおり、「少数言語」という表現も本来は漠然としたことばである（百万人もいたら、言語としては大きいほうだ）。実際にはもちろん、話者数が百万人以上でも消滅の危機に瀕していると看做《みな》しうる理由がある言語もあるし、一方でもっともっと小さい言語であってもまだまだ健康状態が良いものもある。さまざまな環境要因が絡むので、一概に言える話ではないのだ。かつてスンバワ島（現インドネシア）で話されていたタンボラ語のように、火山の噴火で突如死滅した言語だってある。天災で言語が消えるのは、死滅だけに限らず、災害によって分散避難したためにコミュニティが消失し、急速に言語も失われるといった可能性だって考えられる。東日本大震災による東北（太平洋側）諸方言の状況がそれに近いかも知れない。

## ことばの価値

消滅の危機に瀕している言語であるからと言って、すわ守らなければならない、保全して、本来的な話者集団（今は別の言語を習得している若い衆など）に危機言語を習得させて、日用させるべきなのであろうか。言語自体の言語学的価値は、あらゆる言語、並《な》べて等しい。だが、経済的価値、言い換えるならば、道具としての有用性はと言えば、決して等しくなどない。

脳味噌が全くゼロの状態から、何らかの言語を習得しようとしたら、それに掛かるコスト（労力）はどの言語も論理的には等しいと考えられる。自ずから難しい言語や、習得が容易な言語などというものは存在しない。どの言語でも、母語話者は幼少期に言語習得をほぼ成し遂げるのだから（すでに何らかの言語を習得したのちに、次の言語を習得する場合には難易度の差が発生する）。費用対効果、コストに対するパフォーマンスを考えてみると、言語がコミュニケーションのツールである限り、当然ながら、話者数の多い言語のほうが優秀であるだろう。一つの言語を習得して、たった十人との間でしか通用しないのと、十億人との間で使用可能なものとがあったら、後者のほうが単純計算で一億倍有用であるはずだ。実際には十億人と会って会話することはできなくとも、その言語で書を著《あらわ》して十億人の読者が読めば、その言語で話す動画を作って十億人が視聴すれば、最大限有効活用できている。

なくなりそうなことばがなくなるのには、それぞれに理由があるのだ。特段の理不尽な状況下において発生したのではない限り、その変化に対して、言語学者の勝手な都合を押し付けて言語保存を強要するのは間違っている。

## ドマーキ語と呼び水計画

僕の調査対象言語の一つであるドマーキ語は、かなりなくなりそうな状況にある。そしてその事実は、ドマーキ語の母集団民族であるドマ人たち自身もはっきりと認知している。けれども、じゃあ若者や子供が新たにドマーキ語を習得しようとしているかと言えば、そんなことはない。ブルシャスキー語（谷の威信言語）やシナー語（州の威信言語）やウルドゥー語（国語）や英語を身に付けようとはするが、ドマーキ語を積極的に学習しようとはしない。それが彼らの選択なのである。

もちろん、言語が消滅してしまうのは、言語学者としては回避したい。それは、当事者である彼らとは価値判断の基準が異なるからである。その事実に鈍感なままに、一方的に知ったような顔をして言語選択を押し付けて保護するのは、迷惑な話でしかない。余計なお世話だ。バラエティ番組で、父親の趣味のコレクションを勝手に処分してわいわい喜んでいる母娘のような、えげつない自己満足。唾棄《だき》すべき悪行である。

言語（特に無文字言語）は消えてしまったら、まず復活しない。何だ彼《か》んだ言っても、まだドマーキ語を話せる老人や女性は数十人はいる。だから、本人たちが「なくなりそうだ」と口では言っていても、本心から危機感を覚えているとは限らない。けれど、やがて話者数は目減りしていって、やがて消滅が真に逼《せま》ってくるだろう。そしてその日は近い。

もしかしたら、ドマ人たちがどこかで、ドマーキ語の消滅危機回避を願いはじめる日が来るかも知れない。もしかしたら、消滅をただ見詰めるだけで、止めようとしないかも知れない。

僕は現地で、言語状態に対する行動を取らない。それは僕の仕事ではないと考えているからだ。では、何を仕事と考えているかと言えば、消滅する前に言語を記録することである。言語の記録さえしっかりとあれば、彼らの気が変わった際に、復興の助けになるだろう。僕が毎年のように調査に入っていれば、その姿を見て育つ、今は幼い彼らやその次の世代の言語選択の中に、二番目、三番目にでも、ドマーキ語が入ってくるかも知れない。どうにも意識改革を促すのは性に合わないし、正しくないと感じるが、この研究が何らかの刺戟《しげき》となって彼らのうちから変化が起こるのは健全な機序である気がする。

秘かに僕は、この姿勢での研究調査を「呼び水計画」と名付けている。別段、名称が必要なわけではないが、名前を与えることによって信念として固められるかと思って。

それくらいのスタンスで取り組んでいれば、事が巧く運ばなくっても、僕の受ける失意の度合が少なかろう。こちらからああしろこうせよと働きかけないので、彼らにとっても五月蠅《うるさ》くないはず。そう、これはお互いのための距離感なのだ。

# ドマー語、最後の話者

## 消える地元の地名

消滅の危機に瀕《ひん》しているドマーキ語は、フンザ谷モミナバード村（旧称ベリシャル）と、ナゲル谷ベディシャル集落とで話されている。

「五〇〇ルピーばあさん」の節でも述べているが、ベディシャル *béḍišal*、またはベリシャル *bérišal* というのは、ブルシャスキー語によって命名された地名であって、こういった地元の昔ながらの地名というのが、段々と国の定める新たな（ウルドゥー語による）地名へと変更されてしまっている。たとえばフンザ谷の観光中心地であるカリマバードも、かつてはバルティト *báltit* という地名だった。今でもそこに聳《そび》える王城は、バルティト・フォート *Baltit Fort* の名で知られている。

## 言語と民族、自称と他称

そのブルシャスキー語でドマーキ語のことはベディスキ *bédiski* ／ベリスキ *bériski* と言う。一方で、「ドマーキ *domáaki*」というのはドマ人（ドマーキ語でドム *dom*、複数形はドマ *dóma*）による自称言語名であるが、じつはこれはドマーキ語でもフンザ方言に限っての呼び名であるし、もしかしたらブルシャスキー語とのちゃんぽんである可能性もある。上に示したとおり、民族名や言語名というのが、自称と、隣人による他称とでずれることが頻繁にあるのだが、それをもとに考えてみると、「ドマーキ」がドマーキ語かが疑わしいのである。

次ページの表を見ていただきたい。

①まずは、ワヒー語の列（縦方向）を見てもらいたい。このあたりで見ればゴジャール谷を中心に話されているワヒー語では、民族名にウォル *wor*「言語」を付ければ言語名になるという、単純な仕組みになっている。もう少し言えば、*-ik* が「〜の人」を表す（たとえば、グルミティク *gulmitik*「グルミト村の人」、シカマニク *sqamanik*「イシュコマン谷の人」）ので、ワヒー人とブルショ人とは、伝統的な造語法で表現されているのが見て取れる。

②次に、シナー語の列。ブルショ人はナゲル谷などにもいるが、少なくとも僕の協力者は「フンザ人、フンザ語」という言いかたでブルショ人、ブルシャスキー語を表現した。どうやら言語名は、民族名＋*-aa*（アクセントは捨象）で作られるようだが、ワヒー語に関して

表：ワヒー人、シン人、ブルショ人、ドマ人の自称（単数形）と、互いの呼称

| | ワヒー人、ワヒー語 | シン人、シナー語 | ブルショ人、ブルシャスキー語 | ドマ人、ドマーキ語 |
|---|---|---|---|---|
| ワヒー語 | *x̌ik, x̌ik wor* | *ṣen, ṣen wor* | *virčik, virčik wor* | *ḍum, ḍum wor* |
| シナー語 | *gujalíi, gujalíi* | *ṣiín, ṣinaá* | *hunzúja, hunzijáa* | *ḍoóm, ḍomáa* |
| ブルシャスキー語 | *gúic, gúiciski/gúiski* | *ṣéen, ṣéeniski/ṣináaki* | *burúsin, burúšaski* | *béric, bériski* |
| ドマーキ語 | *gúic, goojaalí* | *ṣen, ṣinaá* | *porušá, porušukuníi* | *ḍom, ḍomáaki* |

は、そうなっていない。直接隣接していないからだろうか。ワヒーに関して、人か言語かを区別するには、このあとに「人」、「言語」という単語を付ければ明示できる。

③ブルシャスキー語の列を見ると、多くは民族名＋*-(i)ski*的な要素で言語名が作られているのが窺える。ブルショ人自体は、単数形だとブルスィン*burúsin*だが、複数形だとブルショ*burúšo*なので、そちらがベースになって言語名が派生されていると考えれば分かりやすいだ

ろう。例外は、シナー語の名称の二つ目のもの、シナーキ*ṣináaki*で、これは民族名＋*-áaki*という要素で派生されている。

## ドマーキ語で<br>ドマーキ語は

④そして最後にドマーキ語の行を見てもらいたい。「ワヒー語」に関しては、「ゴジャール谷の」というウルドゥー語の単語ゴージャーリー*gōjālī*（گجالی）や、シナー語での表現と酷似している。借用だろう。ドマーキ語とワヒー語とは、使用域が直接は接触していない。「シナー語」は、シナー語での自称を借用しているようである。「ブルショ人、ブルシャスキー語」に関してはドマーキ語固有表現らしきものが見受けられ、流石《さすが》、密に接触している民族・言語であるといったところである。言語名は、民族名に*-kuníi*という要素が付加している。これは、チャウト*c̣haúto*「朝」からチャウトゥクニー*c̣hauṭukuníi*「朝に」という語を派生させたりするのと同じ要素と見られ、機能は明朗ではないものの、ドマーキ語オリジナルであると考えられそうだ。一方で、「ドマーキ語」に見られる接尾辞*-áaki*だが、さきほど③でも見受けられた。ブルシャスキー語の単語シナーキ*ṣináaki*「シナー語」である。民族名＋*-áaki*でドマーキ*ḍomáaki*「ドマーキ語」が作られているのは明白で、もしかしたらこれはブルシャスキー語由来の接尾辞かも知れない。試しに、ドムクニー**ḍomukuníi*という

語を作って尋ねてみたが、協力者に「そんな表現はない」と跳《は》ね除《の》けられてしまった。

というわけで、ドマーキ語でドマーキ語のことを本来何と呼んでいたのかが、ちょっと分からなくなっていたのだが、もう一度改めて考えてみてほしい。さきほど何と言っただろうか。『「ドマーキ』は、ドマーキ語フンザ方言での自称である」。ならばドマーキ語ナゲル方言では何と言うのか。もしかしたら別の名称があるのではないか。そしてそれこそがドマーキ語での本来の自称ではないだろうか。

どうしてそんなに「自称」を知りたがっているのかと言えば、研究者が研究対象としている民族や言語の名称に何を用いるかという点と関連がある。各人なりの主義主張などもあると思うので、これは飽《あ》くまで僕がこれまでの自分の研究をする上で定めてきた方針であるということを断っておきたい。僕は、民族名、言語名に関して、できる限りでは当人たちが用いているものを優先すべきだと考えている。もちろん、それ以外の名称がもっと一般に広く知れ渡ってしまっている場合など、さまざまな場合に、そうしないほうが良いということもあるだろう。けれども、僕がやっているのは日本人のほとんどが知らない、マイナーな領域である。少なくとも、彼ら自身が用いている名称に近い名称を、論文や学会発表といった場面では用いていきたいし、そうすることで不便や誤解が生じたりもしないだろうと思うのである（たとえばブルシャスキー語は、本当ならば自称の発音に近めて「ブルシャスキ語」としたいところだが、末尾を延ばす名称がすでに日本の言語学界である程度広まっていたし、当たらずも遠からずであるため、今は僕も慣例に従っている）。

だからこそ、ドマーキ語の自称である。

## 二つ目の自称

詳細は余所《よそ》に譲って、色々あったけど、ベディシャル集落でブルシャスキー語ではない言語が話されていることを突き止め、話者に会見することが叶った。そして言語調査を開始するにあたり、まずは言語名を尋ねる。返ってきた答えは「ドマー*ḍɔmaá*」。ああ、残念ながら、これはシナー語式の名称だった（表参照）。

そうなると、この言語の名称をどうするかという問題が勃発してしまう。ブルシャスキー語式のフンザ名「ドマーキ語」か、シナー語式のナゲル名「ドマー語」か。

僕は今、先に調査をしたフンザ方言での名称「ドマーキ語」を優先して採用している。英領インドの一部だったベリシャル（現モミナバード村）で調査したイギリス人が、かつて「Dumāki語」として文法書（Lorimer 1939）を出版しているし、そのため、世界的に研究者は稀有《けう》であるとは言え、こちらの名称が根付いているからである。長いものには巻かれろ、だ。話者数がフンザ谷のほうが多いことも、考慮している。

ドマーキ語ナゲル方言の調査は捗々《はかばか》しくない。二〇〇八年から何度か調査には行っているのだが、話者数が少ないために調査協力が得られる機会も極めて少ないのが実際である。言いかたは悪いが、謝金で釣る方策を取れば、もう少し協力を積極的にしてくれるかも知れないが、これまでその踏んぎりはまだしていない。それでも二〇一七年には、フンザ谷のドマーキ語話者とともにベディシャルへ行き、物語の収録をしたりもした。年長だったD翁《おう》はすでに亡くなり、「最後の話者」となったG氏からだ。

収録に同行したフンザ方言話者は、物語を聞いても、半分くらいしか理解ができなかったと言う。[*1] 文法的にはまぁ似ているが、単語などが大きく異なっているらしい。両谷のドマ人は親戚筋も多く、相互にやりとりをすることは少なくもないそうだが、その際にはブルシャスキー語を用いているとのこと。話者が減り、使うことも減ってから時間が随分と経ったのだろう、もはやお互いに通じなくなってしまったフンザ方言とナゲル方言は、別の言語と捉えなおしても良いのかも知れない。そうしたら、フンザ方言は「ドマーキ語」、ナゲル方言は「ドマー語」と呼ぼう。

## 男女の問題は悩ましい

本当はドマー語の話者は、G氏が最後の一人ではないことを僕は知っている。二〇一二年十月、ベディシャルを久々に訪れたのだが、集落じゅうを探しても男性の姿が見えなかった。ナゲル谷はシーア派の谷。外来の男性である僕は、女性には話しかけてはならない。けれども、男性がいないのだ。しかたなく集落内を右往左往して人探しをすると、ある家の前に見憶えのある女性が一人いた。

地獄に仏、ベディシャルに五〇〇ルピーばあさん！

周囲を見回して（僕が女性に話しかけているのを目撃している）人影がないことを確認してから、ばあさんに挨拶をし、他に誰かいないかと、会わなかった四年間で上達したブルシャスキー語ナゲル方言で問いかける。ばあさんは意図を理解して、人を呼んだ。

隣家の裏手にある畑に、家の中から三、四人出てきた。全員女性だった。

もう一度周囲を見渡してから、僕は思いきって声を掛ける。比較的若年層と思《おぼ》しき彼女らは、わりとすんなり、外国人男性からの会話に応じてくれた。

曰《いわ》く、集落の男性たちはみな、ギルギット市へ出稼ぎに出ているとのこと。ドマ人は音楽職能集団であるため、近隣の別の民族の祭事に、演奏家として招かれる。今は収穫も終わって農閑期に入ったばかり、結婚式シーズンだ。ベディシャルの男たちはここぞとばかりに街へ出て、日銭を荒稼ぎしているらしい。

彼女らに自分が言語調査をしている研究者だと説明したのちに、試しにドマーキ語で話しかけてみたところ、くすくす笑われたあとで少しだけだがドマー語で返事が貰《もら》えた。モミナバード村でもそうだが、男性よりは女性のほうが、家や集落に籠もっている時間が長い分、民族語の保持率も高いらしい。僕の見積もりではそのときの発話者は二十代なかばくらいだった。若い女性話者が存在するのだ。瓢簞《ひょうたん》から駒《こま》のような発見であった。

ただし、月には叢雲《むらくも》だし花には風であって、それでも僕にはベディシャルの女性からドマー語を調査する手立てがないのである。

だから、括弧付きだがやはり、僕にとってはG氏が「ドマー語」の「最後の話者」なのだ。

＊1　とは言え、僕はちょっとこの主張には懐疑的である。言語がそんなに早く乖離《かいり》するとは思えないし、彼らが得てして誇張したがるのを知っているからだ。

目の前の道

# 動物と暮らす

## イスラマバードの蛍

初めてパキスタンに行ったのは、修士課程のときだった。大学院に入って、新しい研究テーマを立てたので、最初の一年間は先行研究（ドイツ語や英語やフランス語やロシア語で書かれている）の読み込みに費やした。そして翌年、まずは調査媒介言語であるウルドゥー語の運用能力向上のため、半年、イスラマバードの国立大学へ留学。それが初パキスタン。

首都であるイスラマバードは、日本だと霞ヶ関のような、官公庁集積地とも呼べそうな計画都市である。水も土も空気も汚く、なのに大学裏の、大麻生い茂るどぶ川に蛍《ほたる》が飛んでいたのが不思議だった。

# 動物だらけの山奥

留学中の秋に、断食で有名なラマザーン月があり、ラマザーン明けのイードゥル・フィトル *īd=ul-fitr*（عيد الفطر；「小イード」とも言われる三連休）に合わせて、一週間のイード休みがあった。ルームメイトのパンジャーブ人二人も実家に帰ると言っていたし、一週間も寮に籠もっていてもやることがないということで、ここで初の現地調査に、フンザ谷へ赴《おもむ》いた。

首都の隣の下町であるラーワル・ピンディーの郊外にある、ピール・ワダーイーのバスターミナルからNATCO（国営バス会社）のバスに乗って、約一日掛けて北上。めきめき標高が上がり、立て付けが悪くて閉まらない窓から侵入してくる風がどんどんと冷たくなったのを憶えている。イスラマバードという都会から、一気にカラコラム山脈の片田舎へと飛び込んだ具合だ。

乗りものが苦手ですぐに酔ってしまう僕は、移動が終わって宿に着くまで、完全に心を殺して苦痛を堪《た》えていた。そして、宿に着いて一息吐いてから、ようやく生命活動を再開させて村へと出た。

その途端に道端で目撃したのは、二人三脚のように前脚を縛られた牛と山羊のペア。歩幅が違うのに、酷い組み合わせだった。改めて道を眺めると、チョコボールのように転がるのは山羊の糞《ふん》。道の先からゆっくりと迫ってきて僕を取り囲むのは羊の群れ。ご立派な一流ホテルの敷地から塀越しに顔を突き出してくるのは、駱駝《らくだ》。空にはカササギ、ポプラにはアオゲラ、畑にはヤツガシラ、岩の上にはオオルリチョウ。夕方には土産物屋の前に、ヤク肉の串焼きを売る店が出た。動物だらけだ。

そんなフンザ谷も、向かいのナゲル谷も、ずっと西のヤスィン谷もチトラール市も、どの調査地にも動物はたくさんいた。そして、幾つかの古い店には、ヨーロッパなどでも見られる、蹄鉄《ていてつ》を入り口に飾って魔除けとするジンクスが残っていた（今はもう廃《すた》れているらしい）。けれども、馬がいなかった。パキスタン北部一番の街であるギルギット市では、ポロが盛んであるため、街中でも馬の姿を見たが、飽《あ》くまでポロのためである様子。各地で訊いてみたが、もう馬は生活の中にいない動物となっているらしい。

## カタ人と牧畜

そんな中、カラーシャ人の暮らしているルンブール谷へ行ったときのこと。バラングルー村の中心にある宿でぼーっとしていたら、村の奥のほうから、ダッダッダッダッとリズミカルで重い足音が聞こえてきた。何となしに見やると、毛布を羽織った男性が馬に乗ってやってくるではないか。そしてそのまま眼前を通り過ぎ、谷の下流へと向かっていった。

移動手段として馬を使っている！

村長に訊くと、その馬の人はヌーリスタン人だと言う。谷の一番奥に、ヌーリスタン人だけの村があって、その間の道は未舗装なので、車はもちろん、バイクですら通行できないのだとか。そのため、その村の住民は今でも馬を移動に使っているらしい。ちなみに、バラングルー村のカラーシャ人はすっかり、車とバイクを、徒歩以外の移動手段としている。

あとでカラーシャ人たちに（「独りであんな危ない連中ところへ行っちゃダメだ！」「途中の道には蠍《さそり》が出るんだぞ！」などと）叱られるのだが、僕はその次の日早速、独りで谷を遡り、ヌーリスタン人、つまり、カタ人の村へと調査に出かけた。たしかに途中まではそれなりの幅の路（未舗装）があったが、バラングルー村の一つ上流の村を過ぎたあたりで幅員《ふくいん》が減少し、さらに幾つかの集落を過ぎつつ何十分か歩いたところで、シャハナーンデ *Shakhanandeh* という名の村に到着した。ガイドブックなどで流通しているし、村の入り口の看板にも記されているこの名前は、コワール語由来らしいが、*deh*「村」はともかく、前半の"*šaxanan*"部分の詳義は不明である（*šĕxan*「イスラーム改宗者」*1 ＋ *-an* 複数接尾辞か？）。彼ら自身の呼び名は、クニシト村 *kuniṣṭ*。曰《いわ》く、クニ *kuni*「鍋」の底みたいな地形だからだと言う。わりと狭い峡谷《きょうこく》なのに。

クニシト村に入ると、すぐに目に入ってくる違和感があった。馬である。斜面の上手を見れば、畑に馬。下手を見れば、川辺に馬。たしかに、事前に移動手段として馬を用いているとは理解していたが、それでも国内の、これまで巡った他の地域で、馬を生活に入れている場所はなかったので、新鮮に映った。もちろん、他に山羊や牛や驢馬《ろば》や鶏もいる（パキスタン国内の未踏地には、馬車などもあるが）。

当然と言えば当然なのだろうが、谷の一番奥地で自給自足生活をしているカタ人たちは、農業と畜産とを生業《なりわい》としている。狩猟採集もするが、メインではない。安定した生活のためには、植物も動物も、自分たちで生産量をコントロールするのである。もともとは他の調査地の民族だってそういった生活をしていたはずだが、僕が見てきた中ではクニシト村のカタ人たちが一番、伝統的な（昔ながらの）生活を残している感じが覚えられた。

そのため、カティ語には牧畜関係の語彙《ごい》も多い。

たとえば、牛の名称。黒くて額《ひたい》から鼻筋に掛けて白い模様の入った牛はザモル *zámor*、黒くて背中だけ白い牛はドゥシェリ *dušéli*、全身赤毛の牛はアマリ *ámali* など、色によって別々の名前がある。山羊の名称は、耳が丸いとムセリ *muséli*、項《うなじ》が白いとダルマンイ *darmã́y*、耳が長いとパトゥク *pə́tuk*、黒くて茶色い眉毛があるとツィメイ *chímey* と、やはりバリエーション豊かである。まるで日本の猫の名称（トラ、ミケ、ハイブチ、ハチワレ、シロ、トビミケ、サビガラ、キジトラなどなど）のようだ。

糞についても、馬や牛のはツォン*chō*で、羊や山羊のはシコク*škok*と、用途が違うので区別される。ちなみにヒトのはギュ*güi*。個人的見解だが、シコクよりツォン、ツォンよりギュのほうが、踏んだときに精神的ショックはでかい。昔、フンザ谷からバスで下山して、早朝に到着したピール・ワダーイーで、バスから地面に降り立ったその足が、ほかほかのギュをダイレクトにぎゅっとやってしまったことがあった。車酔いと寝不足とでへとへとなところにその仕打ちである。本当に勘弁してほしい。好い加減、パキスタン人男性はそこらじゅうで屎尿《しにょう》を野に放つのをやめていただきたい。

ともかくルンブール谷の奥地で、カタ人は動物との距離が近い生活をしている。

## ブスカシを見る

ある日、協力者のイナーヤトが「明日はブスカシ*buskasi*だ。見に行こう」と言ってきた。ブスカシという知らない単語に首を傾《かし》げる僕だったが、とにかく誘いに乗ってみることに。翌日家を訪問すると、「ブスカシまでは時間があるから、まずは昼飯でも食おう」と、食事が振る舞われた。ブスカシって何だろう。食事を終え、茶をしばき、しばらくすると、「おい、もうブスカシは始まってるぞ。早く行こう」と急にスイッチの入ったイナーヤトが叫ぶ。

おじさんの
相棒

え、僕が無為にのんびりしてたのかな。その展開の早さにびっくりである。

イナーヤトに連れられて、クニシト村の中心地へと急ぐ。簡単そうに書いているが、彼の家から村の中心地までは、拳大《こぶし》の石がゴロゴロした川原を一kmくらい遡らなければならない。そこを猛然とダッシュするイナーヤトの背中を、必死に追った。

村に着くと、グラウンドに人だかり。僕らが到着すると、「外人だ！」と途端にざわついて、特別席（グラウンド脇の壁龕《へきがん》のような空間）に木製の小さな椅子が用意された。周囲を小中学校くらいの男児に包囲されて、居心地の悪い中、座り心地の悪い椅子に腰を下ろす。するとそこへ、ポロのように馬に乗った人たちが集まりだした。よく見ると臑当《すね》てをしたりして、ガードを固めている。けれども、スティックは持っていないので、ポロとは違う。そして、何か毛皮の袋のようなものが用意されて、選手らしき人々が馬に乗ったままグラウンドの中央に集まった。どうやらまだ始まっていなかったらしい。

毛皮の袋？　いや、あれは違うぞ。

やがて、ブスカシが始まった。二チームが馬を駆り、例の袋を奪い合う。グラウンドの隅のほうにまでそれを運んで、無事に置いたらポイントが入るらしい。馬上ラグビーだ。もうもうと土埃《つちぼこり》が舞い上がって、視界が曇ったり晴れたりを繰り返す。やがて毛皮袋の正体が見えた。

毛皮の袋は、頭と蹄《ひづめ》を落とした羊だった。

その瞬間に脳裡《のうり》に閃《ひらめ》いた。ブズカシとは、ブズカシー*buz-kašī*（بزکشی：ダリー語）だ。ブズカシーは、「山羊（*buz*）引っ張り（*kašī*）」という意味の、アフガニスタンの国技である。まさに今しがた見たように、羊（もともとは山羊。アフガニスタンでは現在、仔牛が主流）をボール代わりにして行う、騎馬ラグビーのようなスポーツである。その動物が賞品で、それを奪い合ったものだろう。

クニシト村のブズカシはその後も小一時間続き、僕には分からなかったがどちらかが勝って、終了した。土煙が特別酷い、というのが特別席の特別たる所以《ゆえん》ではないかと思えるくらいに土煙が酷く、全身ざらざらになったが、大迫力にして野趣溢れる山奥の騎馬スポーツに、甚《いた》く感銘を受けたものであった。どことなく、中央アジアの気配も感じた。こんなにも谷間《たにあい》の、平地の少ない場所なのに、耕作地を減らしてでもブズカシ用のグラウンドを確保している彼らカタ人たちに、伝統を守ることの重要性を教わった気がする。

そんなクニシト村にも、やがて携帯電話の電波が届くだろう。村人たちは次第に多く町へ出て、現代の豊かな物質文化の利器に惚れる。谷肌を削って広い道を舗装するかも知れない。

利便性を高め、動物との暮らしから動物が減っていくのも、時間の問題か。そういう変化を彼らが望むのなら、それが彼らにとっての「進歩」となる。それでも、土にまみれたブスカシへの熱狂は、これからも長く残ってもらいたい。手放したらもう二度と戻らないのだから。

＊1　信頼度の低いコワール語の辞書であるSloan（2006: 133）には、shekhàndeh または Shekhàndeh という項目が立てられており、訳には「イスラーム改宗者達の村」との但し書きが付されている。

# シナー語
## Shina

シナー語ギルギット方言の基本フレーズ
（“ ´ ”の母音を高く発音する）

「私の名前はノボルだ。」
マイ・ノーム・ノボル・ハン
*may nóom noború han.*

「君の名前は何だ？」
タイ・ノーム・ジェーク・ハン
*tay nóom jéek han?*

「ありがとうな。」
ジュー・ラー
*juú ráa.*

「調子はどうだ？」
ジェーク・ハール・ハン
*jéek háal han?*

「元気だ。」男性／女性
サム・ハノス／サム・ハニス
*sam hános. / sam hánis.*

「また会おう。」
ドゥバーラ・ドク・ボン
*dubaará dok bon.*

「シナー語で何て言うの？」
シナート・ジェーク・ラーン
*ṣinaáṭ jéek ráan?*

・インド・ヨーロッパ語族　インド・イラン語派　インド語派　北西グループ
・シン人 *ṣin*（またはシーン人 *ṣiín*）の民族語
・話者は約50万人
・パキスタン　ギルギット・バルティスタン州　ギルギット県、ギズル県、ナゲル県、ディアーメル県、アストール県
　〃　ハイバル・パフトゥーンフヮー州　コーヒスタン県
　インド　ジャンムー・カシミール州　ラダック郡　カルギル県　など
・自称言語名はシナー *ṣinaá*、シナー・バーシ *ṣináa báaṣ* など：（*báaṣ*「言語」）

＊

2014年から調査。

方言差が大きい。未踏査だが、インド側（ラダック）のシナー語話者たちは、ラダック語の他称でブロク・パ *brok pa*、他称言語名はブロク・スカト *brok skat*（Brokskat）。ブロク *brok* は「岩」、パ *pa* は「人」、スカト *skat* は「言語」の意味だとか。ディアーメル県チラースあたりのシナー語の方言は、近年ではチリッソ語（Chilisso）と呼ばれて別言語として扱われることもある。

古風なシナー語が、ハイバル・パフトゥーンフヮー州チトラール県南部のビオーリ谷やアシュレート谷で、1万人ほどの人々によって話されており、パールーラー語 *paaluulaá*（Palula または Phalura）と呼ばれる。

男性名詞、女性名詞の別があり、複数形でもその区別は残す。たとえば形容詞「とても」は、男性単数でロー *lóo*、女性単数でライ *lái*、男性複数でラー *láa*、女性複数でレー *lée* などとなる（コーヒスタン方言）。「新しい」なら、男性単数ノーン *nő̃õ*、女性単数ナイン *nấĩ*、男性複数ナーン *nấã*、女性複数ネーン *nẽ́ẽ* だ。ただし、この4つの区別をしない形容詞も多く、三分類の「小さい」（男性単数チュノ *čúṇo*、男性複数チュナ *čúṇa*、女性チュニ *čúṇi*）や、二分類の「孤独な、寂しい」（男性アクルー *aklúu*、女性アクルーイ *aklúui*）、不変化の「上下逆の」（常にアボーン *aboón*）などがある。

ギルギット方言は、ブルシャスキー語からの影響が多少見受けられる。南の方言はコーヒスターニー語からの影響もありそうだ。いずれも、ウルドゥー語や英語からの借用語が増えてきている。

## シナー語
# 街での調査は難しい

### その言語らしさを考える

シナー語という言語がある。支那《シナ》語ではない。話者は五〇万人ほどいて、少なくとも僕の調査している地域で考えればそれなりの規模の言語だ。シナー語は話されている範囲も広いので、方言差も結構あるらしい。僕が調査しているのはそのうちの、ギルギット方言と呼ばれる変種である。

ブルシャスキー語から研究を始めた僕は、研究をしていく中で、幾度となくある難しさに直面していた。何がブルシャスキー語のオリジナルの姿なのか。その言語にもともとあった特性は何で、のちの時代に周辺の言語との接触によって齎《もたら》された、あるいは生じた特徴はどれなのか。それを知らずして、その言語の「らしさ」も何も、解りはしない、という問題である。

たとえば日本語を考えてみよう。日本語は研究が進んでいる言語で、文字化されている歴史も長いので、さまざまなことが（少なくとも僕の研究している諸言語と比べて）分かっている。語彙《ごい》の面だけ考えてみれば、「和語／やまとことば」と「漢語」と「外来語／借用語」といったようなざっくりとした区分があるのは聞いたことがあるのではないだろうか。その中で日本語オリジナルのものと考えられているのは、「和語／やまとことば」と言われる語群である。ただし、じゃあどの単語がそれに該当するのかといったことを突き詰めて考えると案外難しく、漢語である「言語《げんご》」と和語である「言葉《ことば》」のように、音読みと訓読みとである程度は分別できたりもするが、「うめ」「うし」「うま」なども古くは漢語から来ているとも言われる。これらは「梅」「牛」「馬」を訓読みする単語だが、そもそも日本になかった概念であり、大陸から言葉と実物とが同時に輸入されたのだと言う。「ししゃも」「ラッコ」なんかはアイヌ語起源だ。日本は島国なので、言語接触が少ないと考えられるが、それでも文化接触がある中、周辺言語との相互の影響は避けて通れなかった歴史がある。

ましてや、山の中とは言え、大陸の中部において、ブルシャスキー語などが周辺言語とより密に接触し、影響し合ったことは想像に難くない。しかも文字のない言語ばかりなので、文献資料から過去の姿を知ることも適《かな》わない。現在ある姿から、過去の姿を復元することしかできないのだ。そのためには何をしなければならないかと言えば、ブルシャスキー語の諸方言を見比べるか、影響し合ったと考えられる周辺の諸言語と見比べるかといったやりかたしか、基本的にはないだろう。そんなわけで、ブルシャスキー語をよく知るには、ブルシャスキー語の周辺の言語についても知る必要がある。

けれども、周囲にはたくさんの言語が分布している。そして世の研究者は、過去から現在に至るまで、この地域の言語群にほとんど手を着けていない。そういった残念な状況で、玉突き事故のように僕は手を拡げはじめざるを得なかったのだった。まずは隣のドマーキ語、それから西ブルシャスキー語の隣のコワール語、そしてその次にちゃんと着手したのがシナー語だ。色々な方言があるということだったが、実際にブルシャスキー語と接触している地域はギルギット市であり、そこを中心にして話されているのは、ギルギット方言だった。調査地域全体を見ても、交通の要衝であるギルギット市が人の交流の中心地であることは間違いなく、ブルシャスキー語が最も影響を受けるシナー語はギルギット方言に違いない。そういう積極的な理由で、ギルギット方言に絞った。

## 街で言語調査をしてみよう

　さて、ギルギット方言を調査したいと思ったら、まずは調査地を決める必要があるが、何せそこには州都であるギルギット市があるので、却って市の周辺の村々には宿泊施設がない。全て、ギルギット市街に集中しているのである。フンザ谷などの、谷内に抜群の中心地といった地区がないために、わりと満遍なくあちらこちらの集落に多かれ少なかれ宿があったりするのとは違う。ちなみに、基本的に旅行者の訪れないヤスィン谷などになると、そもそも宿が谷に一軒しかない、などといった困難が待ち構えている。

　市街の中心のマーケットのすぐ脇に、手ごろな値段の、いわゆるバックパッカー宿があったので、そこを定宿と決めて、ギルギット市内でシナー語の調査を開始したのは、二〇一四年の夏のことだった。何せ大きな街なので、人も多い。インフォーマント探しも捗《はかど》るだろうと、最初は思っていた。けれども、実際に探しはじめてみたところ、街には村にない難しさが幾つもあることが見えてきた。何を隠そう、「街」での調査はそのときが初めてだったのだ。

　まず、州一番の大きな街であり、各地から人が集まってきているところであるということが災いする。村での協力者探しと同様に、商店の暇そうな連中を当たってみたのだが、会う者会う者、出稼ぎ労働者が多い。ブルシャスキー語話者、バルティ語[*1]話者、パシュトー語[*2]話者、コワール語話者、ウイグル語話者[*3]……。シナー語話者の商店主の少ないこと少ないこと。もしかしたら、ギルギットあたりの生まれの者は、商売をしたいと思ったら、元手が最初からある程度あるから、国内のもっと大きな都市（イスラマバード、ラーワル・ピンディー、ラホール、カラチなど）へと出稼ぎに出てしまうのかも知れない。

さらに、商店がどこもかなり、賑わっているのもつらい。村の商店は、店先で商店街の連中が集まってゲームをしていたりお喋りをしていたりお茶を飲んでいたりするだけで、総じて暇人ばかりであったが、ギルギットは街だ。みな、商店で商売をしている。人の出入りも多いので、おいそれと調査の協力も頼みづらい雰囲気がある。しかも商店が軒《のき》を連ねる通りは車通りも多く、パキスタンでは車はクラクションをかき鳴らしながら走る乗りものなので、ずーっと五月蠅《うるさ》い。音声を聞き取り、録音し、といった調査なんて、こんな騒音の中ではできやしない。村でも山羊や子供や鶏やトラクターが五月蠅かったりする（近年は乗用車も増えた）が、その比ではない。

ではいっそ、裏通りの民家に向かうか？　村では畦道《あぜみち》を歩いてあちこち歩き回り、お茶に誘われたり果物をどっさり貰《もら》ったりといったこともあるが、街ではそんなのも望めない。家々は頑強に扉を閉ざし、他人同士で話したり家に誘ったりなんてのもない。

何か作っている

# カルガー村の商店主

市街地から離れれば何とかなるだろうか。そう思って、郊外の村へと歩いていったこともある。だが、まず街が大きすぎて、市街地から抜け出るまでが遠い。村々へ到着しても、人々の余所余所《よそよそ》しさは市街地に準じている感じが強い。もちろん、幾分かは市内よりも、「外国人」に関心を持ってくれる人がいたりはするが、なかなか家に誘われるまではいかないし、せかせかと忙しそうな者が多い。訊けば、郊外の村の人々は街へと働きに出ていたりするのだそうだから、家が村にあっても結局は街の人なのだ。

小一時間歩いた先の、磨崖仏《まがいぶつ》を擁するカルガーという村で、ようやく暇そうな小さな商店を発見して、潜《もぐ》り込んでみた。喉も乾いていたのでジュースを買いつつ、店内にあったベンチに居座って、店主のお爺《じい》ちゃんに話しかける。世間話……と言うか、僕が何者であって、ギルギットで何をしようとしているかといったことを話してから、そのお爺ちゃんを相手に調査をしたいとの旨を切り出してみた。本当ならば、インフォーマントとしての適性を測ってからにしたいところだが、わりと精神的に参っていたので、捗々《はかばか》しくない調査でも、ちょっとでもやって安心したかったのだ。

けれども、お爺ちゃんは自信なさげだ。曰《いわ》く、ギルギットに行けば、もっと学のあって素晴らしい連中がいるのだから、自分なんかでは役者不足である、などと。「村人」であることが引け目になっているかのようなその反応に、道中の他の人々からも感じた手応えが裏打ちされた気がした。そう、資本主義がすっかり定着して、街の連中は豊かで村の自分たちは貧しいのだという発想が育ってしまっているのだ。そして豊かさは、そのまま優劣と直結して語られる。しがないボロ商店の店主である自分は、調査に協力できない。そうやって拒まれてしまうのだった。

結局、お爺ちゃんとは会話をして、幾つか新しく単語を教えてもらっただけでお終《しま》い。商店を出て、小雨の降り敷く中、焦燥感と脱力感とに憮然《ぶぜん》としたまま、とぼとぼとまた小一時間を掛けてギルギット市内の宿へと帰った。

## 街と村

今、シナー語の調査に協力してくれているインフォーマントは、市内の、ちょっと奥まった小道の商店街にあるスポーツ用品店の店主である。彼はちょっとした地元の有力者（周囲には「議長《チェアルマン》（chairman）」と呼ばれている）で、知識もあり、回転も速い。店もほどほどに暇をしていて、出身地はギルギット市とカルガー村の間の村なので、れっきとしたギルギット方言母語話者だ。近くの店にはブルシャスキー語母語話者でシナー語を少し理解する若者も出入りしていて、その店主とも仲が良いようなので、そういう意味でも調査しやすい。どうしても録音は雑音が多く入るが、「それでもマシなほうだ」と開きなおっている。

人々がなれなれしく、人間に優劣を付けることが少なく、比較的静かでのほほんとしている村は、改めて考えてみるととっても調査がしやすい。外来のヘンテコな奴が言語調査なんていう奇妙なことをしているといった噂が、瞬く間に一つ向こうの谷にまで広まったりするのも、却ってやりやすい側面すらあるものだ。街であることの利点は、食生活の幅が多少広がること以外で言えば、近場で多くの言語をまとめて調査したいときや、何らかの事情で現地入りできない地域の言語を調査したいときだけかも知れない。電気や温水やインターネットの事情の悪さは街も村も変わらないし。街の難しさはそのあと、カシミーリー語を調査しようと考えたときに再び思い知った。

ふと、パキスタンやインドでやっている調査を、もしも日本でやろうと思ったら、同じやりかたは全く使えないなと気付いた。ふらふらと村なり街なりの中を歩き回って、突如として商店や家を訪ねて「調査に協力してくれ」だなんて……、するほうもされるほうも、怖くてできないよなぁ。

＊1　シナ・チベット語族チベット・ビルマ語派チベット語派に属す。パキスタン北東部のギルギット・バルティスタン州バルティスタン郡などで話されている。話者民族はバルティ人、話者は四〇万人弱。バルティ人は元々は仏教徒であったが、今ではほとんどがイスラームに改宗しており、バルティ語の表記法も、チベット文字主体だったところから、アラビア系文字へと変わった。バルティ語でバルティ語はバルティ *balti*（بلتی / སྦལ་ཏི）と呼ぶ。

＊2　インド・ヨーロッパ語族イラン語派東イラン語派に属す。アフガニスタンの東部、南部、パキスタンの西部などで話されているが、それ以外の国にも多く話者がいる。話者民族はパシュトゥーン人 *paštūn*（پښتون）、あるいはパターン人 *paṭhān*（پټهان / पठान）とも呼ばれ、話者は四〇〇〇万人とも五〇〇〇万人とも。パシュトー語でパシュトー語のことを " پښتو " と綴るのだが、南西方言（カンダハルなど）ではパシトー *paṣtō* [paṣto:]、南東方言（クエッタなど）ではパシトー *paštō* [pašto:]、北東方言（ジャララバード、ペシャーワルなど）ではパフトー *paxtō* [paxto:]、あるいは中央方言（カーブル、ガズニー州、ザーブル州など）でパヒトー *pax̌tō* [paçto:] などと発音される。

＊3　チュルク語族カルルク（南東）語派に属す。中国西部の新疆ウイグル自治区などで話されている。話者民族はウイグル人、話者は少なく見ても一〇〇〇万人以上。ウイグル語でウイグル語はウイグルチェ *uyʁurčɛ*（ئۇيغۇرچە）、またはウイグル・ティリ *uyʁur tili*（ئۇيغۇر تىلى）。古ウイグル語とは大きく異なり、新ウイグル語、東チュルキ語などとも呼ばれる。チュルク諸語に特徴的な母音調和が、他の言語と比べてかなり不規則になっている。

# 出禁村

## ある日、道端でおじさんに

いまだ調査に不慣れで、頑張る気力は満ちていて、うら若き年ごろだったころの僕が、ドマーキ語の調査に、カリマバード村の定宿からモミナバード村へと下っていたときだった。モミナバードのちょっと手前で、見知らぬ小太りの中年男性が、ブルシャスキー語で話しかけてくる。それ自体はよくあることだが、「外国人」に話しかけると言うよりも、僕を僕だと認識して、挑みかかってくるような口振りと内容だった。英語ではなく、ウルドゥー語でもなく、ブルシャスキー語だったこともその裏付けをしている。ちなみに彼には一人、同行者がいたが、そちらの男性は口を開かなかった。

「モミナバード村の住民の起源はどこにあるか、知っているか？」

## 大人な対応と渋い後味

モミナバード村に住んでいるのはドマーキ語を民族語としているドマ人で、ヨーロッパで「ジプシー」「ツィガヌ」などと呼ばれている、ロマニ語を民族語としているロマ人と同系統の、一〇〇〇年かそれ以上昔にインドのラージャスタンあたりを出発して移動をしまくった民族と考えられる。サンスクリット（インド古典語）で「ドーンバ *dōmba*（डोंब）」などと呼ばれたカーストが出自だというのが、わりと一般的な解釈ではないか。音声的にも、モミナバード村のドマ人 *dóma*（単数形はドム *dom*）、西アジアのドム人 *dom*、それより西のロム人 *lom*、そしてロマ人 *roma* と、自然な転訛《てんか》を見せている。地理的、音変化的に見て、最初期に分派してこのあたりに定住したのではないだろうか。そういった感じの回答をすると、彼は噛み付くように「違う！」と言い、早口で捲《まく》し立てはじめた。

「お前は間違っている！　我々は××の出自で、民族名は〇〇と言うのが正しい！　これは△△氏が著《あらわ》した本にもそう書いてあった！　お前は間違った考えを持っている！」

早口で何を言っているか分からないし、そもそもこのオジサンは誰だ。僕は不愉快に感じる心を何とか宥《なだ》めつつ、書籍として出版されていてもそれが正しいと言いきれる保証はないこと、その△△さんというのはどこの誰で、なにゆえその人物を全面的に信用できるのかをまず僕に説明する必要があること、村人がみな自称を「ドマ」と言っていて「〇〇」などとは言っていない事実に対する釈明が要ること、論理的にかなり筋の通った説明ができる僕の説明を覆すだけの証拠を必要と思っていることなどを懇切丁寧に伝え、出かたを待った。何と大人な対応だろうか。

けれどもそのオッサンは、別にまだ言い負かされてもいないはずなのに、激昂《げっこう》して続ける。

「△△氏を知らずに何が『研究をしている』だ、この余所者《よそもの》が！　お前みたいに間違った考えのヤツが来るのは不愉快だ！」

なぜそんなにも議論を拒むのだろうか。自信があって挑んできたのだったら、頭ごなしに間違っていると決め付けて耳を塞ぐのではなく、ちゃんと自分なりの意見を言えば良いではないか。知らないから訊いているのだ、その△△さんの素晴らしい研究を紹介してほしいし、何だったら著作のタイトルも教えてほしいし、その著作が販売されている書店まで案内してほしいものである。

結局その、見知らぬオッサンは連れ合いに「何だアイツは、けしからん！」みたいなことをアピールしながら、坂を下って村へと消えていった。辻斬りに逆切れされたみたいな渋い後味が残る。何だろう、このやるせなさは。

重なる家々

## 急な宣告

数日後の土曜日の朝、モミナバード村在住のドマーキ語インフォーマントが、「今から行く」との電話一本で、僕の宿の部屋に押しかけてきた。基本的に僕は、宿の自室では調査をしない。常に協力者の許《もと》へ行って調査をする方針でやっている。なので、急な訪問に疑問符がたくさん湧いていた。そこへ、インフォーマントが冷や水を浴びせるような訪問理由を告げた。

「お前はもうモミナバード村へは入れない」

最初、何を言っているのか分からなかった。言語運用能力が低くて、文意を誤って理解したのかと疑った。死人に死の宣告をする『北斗の拳』の主人公に影響されているわけではないだろうことは、たしかだが。けれども、間違ってはいなかったらしい。彼の謂《い》いはこうだった。

毎週金曜日に村の集会所で、定例集会がある。昨日が金曜日だったので、昨夜もあった。そこで、村の知識人である□□さんから、「外国からの研究者が最近、この村に入り浸っている。直々に私が確認をしてみたが、あいつはたしかに全く正しくない知識を持っていて、間違った理解を我々に植え付けようとしている。なので、今後はあいつの村への侵入を許してはならない」との決定がなされた。だからお前はもう、モミナバード村へ入ることはならないのだ、と。

はて、意味が分からない。自分で考えることすらしないで誰かさんの書籍の知識を鵜呑《うの》みにしつつ威張り散らしているヤツが「知識人」として地元で認められているのも、言い負かされた腹癒《はらい》せに村を出入り禁止にする措置を謀《はか》るやり口も、それを諾々と諒解してしまう村人たちも。バカを言ってくれるな。ドマーキ語はモミナバード村の一部の人間しかもう話せなくなっていて、早く調査を進めて記録をしていかないとならないんだぞ（※そのころはまだ、ナゲル谷のドマーキ語話者の存在を知らなかった）。常々、熱に浮かされているかのように口々に「我々イスラーム教徒《ムサルマーン》は客人《メヘマーン》を持て成すのを第一としている」とか言っていたくせに、この仕打ちは何だろう。

そんなこんなで、騙《だま》し討ちのようにして唯一のドマーキ語使用地域であるモミナバード村に立ち入りができなくなってしまった僕の運命やいかに——!?

翌年にはみんな、すっかり忘れていたのだけれども。

ある道

# ジプシー民話

## 根を詰めない趣味

趣味は読書です。

そういうとすなわち無趣味なのだろうと曲解されて捉えられてしまうくらいに、趣味が読書だというのは、一般にありふれていて面白くもなく当たり障りのないチンケで役にも立たない凡庸な表明だと考えられがちなのだから世知辛《せちがら》いし、じゃあ実際に趣味として読書をしている人間がそんなにいるのかと問えばそんなこともなさそうなので不遇だと言えよう。まぁ、別段、僕は趣味として読書を掲げられるほど多読しているわけでもないのであって、したがって趣味として読書を挙げられる人には純粋に勝てないなぁと感じてしまう程度にしか読まないわりに、ジャンルは特に問わない雑食派なので、取り止めも脈絡もない知識が、広く浅く、だけどところにより深く、身に付いていたりする。そもそも昨今は、「趣味」なのに根《こん》を詰めて徹底的に身を浸していないと許されないみたいな風潮があって、迂闊《うかつ》に囲碁やら卓球やらママチャリやら読書やらレトロゲームやらを趣味ですとは明言しがたい部分があるので、嗜《たしな》む程度ですと言いたいところだが、そう言ってもやっぱり絶望的にドップリ浸かって人生捧げてるレベルの献身を求められてしまうので、いかんともしがたくて困った話である。

というわけで、趣味とも嗜んでいるとも言えない程度のぺーぺーにして粗末な読書愛好の性癖を持ち合わせているしがない僕なので、研究（言語学）とは無関係な書物を千余冊ほど、我が家の本棚に蔵《おさ》めていたりする。それ以外に数千冊の漫画本や、千余枚のＣＤや、数百枚のＤＶＤ・ＢＤや、百余本のゲームなどを持っていたりして、我が家の我が部屋はともすれば古本屋か倉庫かのごとくになっているのだが、ともあれ。

## 知識欲と他動詞主語と脈絡

そもそも僕は、積極的に「研究者」になりたかったわけではない。ただ、身に余る知識欲があったせいで、世の中から自分の知らない事柄を一つでも減らしたいなどと野望を抱いていたのみであるし、そんな野望も月一で思えば良いほうなくらいの、言わば発作のように発現するだけの思想だったのだ。たまたま、適宜絶妙なタイミングで発作が起こって、あとは惰性のままにあれよあれよと気付けばニッチな分野の研究者になっていただけである。頭が良いわけでも勉強熱心なわけでもなく、要領と運がちょっと良かっただけなのだ。

知識の海を泳ぎ回るのは楽しい。今ではあまり聞かなくなったが、インターネットが爆発的に広まった二〇〇〇年代に「インターネット・サーフィン」という言葉があった。僕の場合は書籍サーフィンだったわけだが、無尽蔵にある情報から、琴線に触れる情報を集めて回る楽しさはよく解る心算《つもり》である。そうやって無秩序にあれこれ見知った知識や情報が、あるとき、閃《ひらめ》きのように繋がることもあって、そういった勿怪《もっけ》の短絡に出合うのが楽しみの一つだ。

たとえば、言語学で「能格《のうかく》」という用語がある。ヒンディー語やバスク語、チベット語、グルジア語など、数多くの言語で見られる現象として、自動詞文の主語と他動詞文の目的語とが同じ形を取り、他動詞文の主語がそれとは異なる形を取るという法則があるのだ。その場合の他動詞文の主語に用いられる形が、能格である。余談だが、自動詞主語や他動詞目的語のほうは、「絶対格」と言う。日本語や英語、ロシア語やアラビア語など、有名どころの多くの言語は、自動詞だろうが他動詞だろうが主語は同じ形（日本語なら「ガ」が付く、主《しゅ》格《かく》）をしていて、目的語は別の形（日本語なら「ヲ」を使う、対格《たいかく》）をしている言語が多いので、ピンと来ないかも知れない。何にせよ、この能格を英語では“ergative (case)”と言う。

それとは全く関係のなさそうな宇宙論。自転するブラックホール（「カー・ブラックホール」）は、事象の地平の外側に、赤道周囲を最大と取るエルゴ領域 *ergoregion*（またはエルゴ球 *ergosphere*）という領域を持つことが知られている。この領域を利用して、エネルギーをブラックホールから獲得することができると、R・ペンローズは提唱した。エルゴ領域に巧い具合に物質を投下すれば、その物質はブラックホールの重力を振りきって領域外に、加速して飛び出してくる。その際に得られるエネルギーは、ブラックホール自体の自転のエネルギーであり、そうやってエネルギーを吸い出していくと、やがて回転は静止に向かい、エルゴ領域も縮減していくのである。

能格とエルゴ領域、どちらも *erg-* で始まっていて、よく似ている。どうやら、これらに含まれている *erg-* はギリシア語のエルゴン *érgon*（ἔργον）「仕事、働き」に由来しているらしく、何なら「エネルギー *energy*」という言葉にも含まれている（*en-erg-y* なので、「働かせる活力」的な意味だろうか。おっと、僕は英語が大の苦手なので、鵜呑《うの》みにしないでほしい）。「アレルギー *allergy*」となると、*allo-* が「異なった」という意味だと全ての言語学者は知っている[*1]ので、何か「別の作用」的な意味なのだろうと推測される。何なら“work”「仕事」という英単語も、見た感じ、*erg-* と関係ありそうじゃないか（似てない？[*2]）。他動詞の主語は目的語に対して何らかの働きかける主体であるし、エルゴ領域も物体を働かせる活力であるところのエネルギーを取り出せる空間であるということで、語源がかぶって名前が似たのだ。言語学と宇宙物理学と、全く異なる分野なのに、手持ちの知識が突如として関連付けられて、ホクホクした。かと言ってそこから何か新しい世界が広がったわけでもなく、持て余した蘊蓄《うんちく》を放出する場を捜し求めてきていただけの悲しい僕なので、こんなところで唐突に披瀝《ひれき》して読者みなさんの口をあんぐりとさせた狼藉《ろうぜき》も許してほしい。

そんなふうに宇宙の本を読んだり、生物の本を読んだり、小説を読んだり、絵本を読んだり、オカルト本を読んだり、画集を眺めたり、辞書を読んだりするのを、暇潰しの一方策として実施する僕なのだが、研究に関連しても奇妙な符合を見出した。

本書でたびたび登場する、僕が一番血と汗と涙を注いでいるパキスタン北東部の系統的孤立語であるブルシャスキー語の先行研究で、ティッカネンというフィンランド人研究者が、「蛙の花嫁（または、三人の王子と妖精姫サラースィル）」という物語を現地で収集し、文字起こしをして英訳を付けたものがある（Tikkanen 1991）。これは、ある国の王さまに三人の息子王子がいて、それぞれに弓を引かせ、矢の刺さった先の国の姫を嫁に取らせる、という出だしの話だ。末の王子は兄弟切っての無能ちゃんで、上の二人が良いところに矢を放ったのを見て、拗《す》ねて沼に矢を射るのだが、そこで見付けた蛙に付きまとわれてしまう。だけどこの蛙がじつに有能で、王の課すさまざまな試練で、兄嫁たちを打ち負かす。それでも王子が冷たく扱っていると、蛙は妖精の正体を現して自分の国へと帰ってしまう。慌てた王子が追い駆けていって、妖精の国の金銀財宝と嫁さんの妖精姫を連れて帰ってくる、といった話だった。

ところで、ブルシャスキー語に完全包囲される形で、今にも消滅しそうなインド・ヨーロッパ語族インド語派のドマーキ語という言語もある。この言語、周辺のインド語派の言語と似ている部分もあるが、根本的に何だか随分と異なった感じも受けた。どちらかと言うと、パキスタンの国語であるウルドゥー語なんかと似ている。そこでアレコレ調べてみたら、どうやらいわゆる「ジプシー」と呼ばれるロマ人などの話す、ロマニ語なんかと近い関係にある言語であることが判ってきた。幸か不幸か、古今東西、ドマーキ語の研究は非常に少ない。そういう言語を対象に研究するのは、ライバルが少なくて助かる部分もあれ、手掛かり取っ掛かりが少なくて困る部分も多い。そこで、読書家見習いの僕は、研究が多くて類書の多い、ヨーロッパのロマ人などに関する本をつらつらと読んでみることにしたのだった。

民族誌、文法書、物語集……。そんな中で手に取った本の一つに、『ジプシー民話集：ウェールズ地方』（サンプソン　一九九二）というものがあった。たしか、古本で一〇〇円くらいで入手したのだ。ところがこれが目っけもの、その目次を見てみると、「妖精の花嫁」という、何だかどこかで聞いたようなタイトルの民話が収録されている。あるところに大きな城があって、城主と夫人と三人の息子が暮らしていた。城主は三人の息子を呼び集め、弓矢を手渡し、次の城主を決めるテストをする。末の息子が巧いこと射たのだが、矢を回収に行くとそこには妖精の女王がいて、結婚をすることに——。

ちょっと待ってほしい。

ブルシャスキー語を話すブルショ人は、どこから来たのかが解らない、謎の民族である。系統不明なその言語で語られた「蛙の花嫁」の正体は、妖精の国のお姫さま。そのブルショ人の隣人として「ジプシー」系のドマ人が暮らしていて、ドマーキ語を話している。かたや、遥か遠くユーラシアの西、大ブリテン島の西の果てのウェールズの地で、「ジプシー」が伝え語っている物語として記されていた「妖精の花嫁」の正体は、妖精の国の女王さま。

偶然にしては似すぎているのではないか？

話の後半やオチは、随分と異なっているようだった。けれども、「物語が紐解くは」の節でも述べているが、口承文芸は有為《うい》転変《てんぺん》のもの。聞き手の反応を見て、話を盛ったり改変したりということが常に行われていたとしたら、話の後半に行けば行くほど、バリエーションが膨れ上がってもおかしくないだろう。

もちろん、物語は世界全体で類型的に似たものが多い。言語と民族との関係性だって一対一ではないし、言語と口伝との関係性だって必然的な繋がりではない。けれども、ユーラシアのど真ん中と最果てという全く関係なさそうな二つの地点で、極めて関係のありそうな二つの物語が語られたという事実は、ロマンという名の妄想を巡らせるに良い推進力を与えてくれるエルゴ領域として申し分ないな、なんて思うのだ。

＊1 なぜと言えば、言語学用語に、形態素（morpheme）に対して異形態（allomorph）、音素（phoneme）に対して異音（allophone）といったものがあるためである。いずれも、単一の要素（「X素」）の、状況に応じたり応じなかったりして出現する異なったバリエーションのことを、（「異X」と）そう呼ぶものである。

＊2 これを機に調べてみたら、どうやらいずれも、印欧祖語の語根 **werĝ-*「行う」に遡るらしい（Watkins 2011: 103）。こういうときにちゃんと調べてしまって困るのは、本当に思い付きが先行してから語根を調べたのか、それとも先に答えを調べてからあたかも知らなかったかのようにあとから気付きの部分を書いているのかが、同時発信される以上、不明確になる点だ。ちゃんと、思い付きで文章を書いてから、調べて、この注釈を後付けしているんですよ。僕を信じて！（CV：梶裕貴）

# カシミーリー語
Kashmiri

カシミーリー語スリナガル方言の基本フレーズ

「私の名前はノボルだ。」
メ・チュ・ナーウ・ノボル
*me čhu nāv noboru.*

「君の名前は何だ？」
ツェ・キャーフ・チュイ・ナーウ
*ce kyāh čhuy nāv?*

「どうもありがとう。」
バレ・シュクリヤー
*baṛe šukriyā.*

「元気ですか？」男性／女性
トヒ・チワー・ティーク／トヒ・チャワー・ティーク
*tohy čhivā ṭhīk? / tohy čhavā ṭhīk?*

「元気だ。」男性／女性
ブィ・チュス・ティーク／ブィ・チャス・ティーク
*bɨ čhus ṭhīk. / bɨ čhas ṭhīk.*

「また会おう。」
ブィーイ・サム・キョー
*bɨ̄y sam khyō.*

「カシミーリー語で何て言うの？」
カーシュル・マンズ・チ・イ・キャーフ・ワナーン
*kāšur manz čhi yi kyāh vanān?*

・インド・ヨーロッパ語族　インド・イラン語派　インド語派　北西グループ
・カシミール人（カーシュル人 *kəšur lukh*（کٲشُر لُکھ / कॉशुर लुख））の民族語
・話者は約 700 万人
・インド　ジャンムー・カシミール州　カシミール谷、チェナーブ谷　など
　パキスタン　アーザード・ジャンムー・カシミール州　ジェーラム谷　など
・自称言語名はカーシュル *kəšur*（کٲشُر / कॉशुर）

＊

2016 年から調査。

インド・ヨーロッパ語族インド語派の中では大変珍しい、SVO 語順を嗜《し》好《こう》する言語。

そのように一般的には解説されるし、本書でも述べてはいるが、ただし、厳密には SVO を好むのではなく、「前から二番目の位置に V を置きたがる言語」であると言うほうが妥当に思われる。 たとえば右ページの基本フレーズを見ていただきたいのだが、「私の名前は○○だ」という文であるメ・チュ・ナーウ・○○ *me čhu nāv XXX* は、直訳すれば「私には○○という名前がある」である。「それ（男性名詞）が〜だ」を表すコピュラ動詞チュ *čhu* が第二位置に来ているが、文頭のメ *me*「私に」は主語ではない。主語は述語のあとのナーウ *nāv*「名前」のほうである。現に、動詞の一致は一人称ではなく、三人称単数だ。

文頭に、主題（トピック）にしたい語句を持ち出し、その後に述語を後続させてから、残りの要素をダダダッと羅列して文章を組み立てているのである。基本フレーズの最後の一文も、どういう語順になっているかを考えてみていただきたい。述語はチ *čhi*「それ（女性名詞）が〜だ」である。

男性名詞、女性名詞の区別を持つ。

母音は 8 つ /i, e, ɨ, ə, a, u, o, ɔ/ で、それぞれに長短の区別、口鼻の区別がある。 ただし、短母音《たんぼいん》の /i, ɨ/ は鼻音の対を持たない。硬口蓋《こうこうがい》子音以外の全ての子音が、音韻的に、直音・口蓋化音の対立を持っている。膠着的《こうちゃくてき》性質の高い言語ではあるが、接尾辞に含まれる母音などの音素性によって、語基部分の母音が変音する現象が多々見られる。 たとえば、クルール *krūr*「井戸」＋複数接辞 *-y* ⇒クルィーリ *krɨ̄ry*、ブロール *brōr*「猫」＋与《よ》格《かく》接辞 *-is* ⇒ブラーリス *brə̄ris*「猫に」、トド *thod*「高い（男性）」＋摩擦化派生⇒タズ *thəz*「高い（女性）」など。

カシミーリー語

# 変り種の大言語

## 二つのカシミール

僕の調査している言語の中で、最大の話者数を誇る言語がカシミーリー語だ。とは言っても、日本人にとってはマイナー言語だろうけれど。

他にも海外で研究者がいるので本腰を入れてはいないのだが、カシミーリー語が主要言語であるインド側カシミール地域（ジャンムー・カシミール州）に、別件で調査に行くことがあり、しかも外出禁止令などでなかなか目当ての調査が捗《はかど》らない場合などもあるのでと、副次的に調査を開始したのである。系統的にシナー語やコワール語やカラーシャ語などと近いので、そういう意味でも、この大きなマイナー言語に手を出して損はない。

ちなみに、パキスタン側カシミール（アーザード・ジャンムー・カシミール州[*1]）でもカシミーリー語が話されているのだが、そちらには、外国人は基本的に入域できない。一度だけ国際学会の名目で特別に、その州都であるムザッファラバードへ行けたが、基本的に移動は全て車であり、徒歩では宿の敷地から一歩も外出させてもらえなかった。自由を欠いている。

## マイナーな大言語

　海外に研究者があるとは言ったが、では入手できる研究が豊富にあるかと言えばそうでもない。記述文法書こそ一九九七年に出ているが、辞書類は手薄で、二十世紀初頭のものがいまだに（ほぼ）唯一の集成である。なお、カシミーリー語の大家とも呼べる、母語話者にして近年の研究状況的に最大の貢献者であったオムカール・コウル氏（Omkar N. Koul）は、残念ながら二〇一八年五月初旬に逝去《せいきょ》された。

　コウル氏と、シナー語研究者でアメリカ人の教授P・H氏（存命）との三人で、ポーランドで開催されたヨーロッパ言語学会で共同発表をする機会があったのだが、取りまとめをしていたP・H氏の都合が付かなくなり、コウル氏はノイスランドの噴火が怖いからと来ず（開催地はポーランドなのに！）[*2]、急遽、当初は行く予定のなかった僕が単身で発表をしに行かなければならなくなったのが、思い出として良くも悪くも印象深い。

　話者数が多くて、名前は知られていても、研究が進んでいない言語というのはある。理由としては、たとえばアクセスが悪い、取っ付きにくい、魅力が薄い、研究ペースの遅い大物が幅を利かせている、その他諸々が考えられる。カシミーリー語の場合は、古くから文字もあり、十三世紀以来の文献資料もあるはずなのだが、不思議と大きな研究が少ない。コウル氏が幅を利かせていたという感じでもない。インドの憲法が定める「第八附則指定言語」の中にも堂々と名を連ねており、平たく言えば「インドの主要言語」としての地位を獲得していて、お札の裏面（諸言語で記載されている中の、上から五番目）にもアラビア系文字のカシミーリー語で額面が書かれている。

## カシミーリー語の語順のこと

そんなカシミーリー語だが、個人的な感想を述べさせていただけるのであるならば、端的に言って「取っ付きにくい」という泣き言に尽きる。

僕の言語調査の中では最も後発のこの言語だが、それまでの六言語と対比して、違った部分が多く、しかも大きい。その最たるものが、語順である。

南アジアの言語は、ほとんどと言って構わないくらいに多くが、日本語と同じSOV（主語−目的語−述語）という語順を好んでいる。それは、同じ語派の中でもさらに同じグループ（「ダルド語群」と呼ばれた）に属すと考えられるシナー語などに限らず、南アジアで最も広範囲に及んで分布しているインド・ヨーロッパ系の言語、インド南部からスリランカに掛けてのドラヴィダ系言語も、東のチベット系も、インド中東部のオーストロアジア系ムンダー諸語も、ベンガル湾のアンダマン系、系統的孤立語のニハーリー語もブルシャスキー語も、SOVなのだ。それにも関わらず、カシミーリー語だけは、英語や中国語と同じ、SVO（主語－述語－目的語）語順を嗜好《しこう》しているのである。何でやねん、である。

SOV言語だと、たとえば「XはYである」という文ならば、いつだって文末に「である」に当たる要素が来るので、文中で何を言っているかが分からなくても、何かしらの「XはYである」文を言っているのだということは早くから分かる（ただし、カラーシャ語などは基本的に「である」を省略するので、その例からは漏れる）。同じように、動詞で終わっている文を観察することで、早くから「私が～する」なのか、「お前が～する」なのか、「彼が～する」なのか、あるいは「する」か「した」か「しろ」かが理解できる。

解らない言語を聞く際に、それでも文がどこで始まってどこで終わっているかは、述べつ幕なしに話す人以外の発話では、比較的摑みやすい。文の長さがどれほどかは、文が終わらないと解らないのだから、文の続いている間の要素を抜き出して聞き取るのは難しいのだ。ひとまず、叙述なのか命令なのかだけでも把握できるかできないかで、コミュニケーションの成否は結構異なってくるんじゃないだろうか。

一方で、ＳＶＯだと文中に述語が埋もれてしまう。文末に来る要素は多種多様で、パターンが摑みがたい。叙述か命令かも判別しにくい。飽《あ》くまでも、ＳＯＶの言語に慣れ親しんできている僕だからこそその感性かも知れないけれども、分析の取っ付きやすさという点で、カシミーリー語はそれまでの六言語と比較して、大変に苦労している。

◎四つの言語で見る「祖母が子供（たち）に物語を話した」の文

ブルシャスキー語：*ápie hilésar minás étumo.*

| | | | |
|---|---|---|---|
| á-pi-e | hilés-ar | minás | ê-t-um-o |
| 一単-祖父母-能格《のうかく》 | 少年-与格《よかく》 | 物語 | 三単-する-非現在-三単・女 |
| 私の祖母が | 少年に | 物語を | 彼女がそれをした |

ドマーキ語：*nánaya punéču šilóoyaka denín.*

| | | | |
|---|---|---|---|
| nána-a | pun-éc-yu | šilóoy-aka | den- ín |
| 祖母-能格 | 孫息子-複・具格-与格 | 物語-不定・単・女 | 与える：完了-三単 |
| 祖母が | 孫たちに | ある物語を | 彼女が与えた |

カラーシャ語：*áwa sudáyak ač̣hĝik práw.*

| | | | |
|---|---|---|---|
| áwa | sudá-ik | ač̣hĝik | pr-aw |
| 祖母 | 子供-指小 | 物語 | 与える：過去-三単：過去 |
| 祖母が | 小さい子供に | 物語を | 彼女が与えた |

カシミーリー語：*nāni wəny baččan kahānī.*

| | | | |
|---|---|---|---|
| nānɨ-i | wan-y | bačč-an | kahānī |
| 祖母-能格・女 | 言う：完了-三単・女 | 子供-与格・複 | 物語 |
| 祖母が | 彼女が話した | 子供たちに | 物語を |

## キャシミーリー語

さらに、カシミーリー語の難しく感じられる特徴として、音が難しいのも挙げられる。シナー語だのコワール語だのカラーシャ語だのカティ語だのも音で苦労しているが、カシミーリー語はまず母音が多い。加えて、子音も、基本的にはシナー語と同数、同難度くらいなのだが、加えてそのほとんどが口蓋《こうがい》化できるというのだから勘弁してもらいたい。「口蓋化」というのは、日本語で言うならば、カ行（直音《ちょくおん》）に対してキャ行（拗音《ようおん》）、ナ行（直音）に対してニャ行（拗音）のように、ヤユヨに含まれている子音が、もとの子音にプラスされた感じになる音変化のことであると理解してほしい。そうすると、つまり口蓋化が規則的に可能だとしたら、単純計算で実際の発音上の子音数は倍に膨れるのだ。

世の中にはもっともっと言語音の基本構成要素（「音素」）が少ない言語があるとは言え、日本語は比較的、音素数の少ない部類の言語ではないかと思う。僕の母語だからそう感じるというだけではないはずだ。そういった言語を母語としている者は、もっと音素数の多い他の言語と対峙した際に、なかなかどうして不利なんじゃないかと思う。

英語のRとLとの発音が……とか言っている場合ではない。英語の母音だって巧く発音し分けられないし、*thin* の“th [θ]”や *than* の“th [ð]”だって苦手だ。*sea* と *she* との区別も、強勢アクセントも苦手だ。母語にない音的特徴は把握しづらい。だから、母語が音韻的に複雑な言語であればあるほど、別の言語に取り組む際、確率的に、得意な部分が増えるはずなのだ。

そんなことを言うと、デキる人たちには「努力が足りないだけ」と判を捺《お》されてしまいそうだけれども、苦手なものは苦手だし、努力は継続中なので悪《あ》しからず。

## 読み書きされない文字のこと

カシミーリー語には文字があるのだが、カシミーリー語話者でその文字体系をきっちりと身に付けている人は稀少である。一般市民はウルドゥー語や英語で新聞や書籍を読んでいる。

書くときもだ。かつてはシャーラダー文字が、今ではアラビア系文字や、デーヴァナーガリー文字がカシミーリー語に用いられている。現代に用いられているその二つの文字で、カシミーリー語の書籍だって出版はされている。けれども、購入者は少なく、そのために出版数も伸びていないのが実情であろう。スリナガル市内の書店を巡っても、カシミーリー語で書かれた本よりは、ウルドゥー語の本が多く、そして英語で書かれた本が圧倒的に多い。カシミーリー語が幾ら数百万の話者を抱えている言語であっても、それより一つ二つと桁が上になる言語の前では、無力感が強く滲《にじ》み出てしまうのか。

ウェブ上の百科事典として有名なウィキペディアには、カシミーリー語（アラビア系文字・デーヴァナーガリー文字の混用）版（https://ks.wikipedia.org/）もある。ただし、カシミーリー語で書かれた記事は、二〇一九年一月末現在で三二四項目のみ。話者人口がほとんど同じフィンランド語版のウィキペディア（https://fi.wikipedia.org/）の記事数は、四五万項目以上。このあたりからも、大きなマイナー言語というカシミーリー語のありようが窺える。

＊1　ジャンムーン *jammū̃*（جموں）やカシミール *kašmīr*（کشمیر）は地名だが、アーザード *āzād*（آزاد）とはウルドゥー語で「自由な、独立の」という意味の形容詞である。つまり、「自由なＪＫ州」と、あたかもインド側のＪＫ州を揶揄《やゆ》している具合の名前である。そもそものジャンムー・カシミールの名は、イギリス統治時代の藩王国名だ。

＊2　学会は二〇一四年九月十一～十四日。当時、アイスランド中央のパウルザルプンカ山 *Bárðarbunga* が大々的に噴火していた。

# 五〇〇ルピーばあさん

## ナゲル谷のブルシャスキー語

二〇〇八年十月、前年の夏に続いて、人生二度目のナゲル谷訪問。ナゲル谷は、前回はブルシャスキー語ナゲル方言の調査が主たる目的で訪問していたのだが、このときはもう一つの目標があった。とある集落の探訪である。

フンザ川を挟んで向かい合うフンザ谷とナゲル谷とは、一九七四年まで、別々の王国が栄えていた。その名も、フンザ王国とナゲル王国とである。この二つの谷は宗教も違えば暮らしっぷりも、その後の発展も異なっている。

フンザは、イスラーム教イスマーイール（ニザール）派の信者が多く、予《かね》てより観光地化が進んでいて、外国人バックパッカーや登山家が多く訪れている地域だ。巨財を背景に福祉や教育を推進するアーガー・ハーン四世という宗教的リーダーの恩寵を浴び、地域識字率はほぼ一〇〇％、英語教育も行き届いている。南向きの豊かな谷、といった印象を受ける。メインはブルシャスキー語だが、上流域（ゴジャール谷）ではワヒー語も話されている。

一方でナゲルは、イスラーム教シーア（十二イマーム）派を信仰しており、外国人観光客はほとんど訪れず、自給自足で生活する農村が広がる。アーガー・ハーンの福祉事業が宗派の垣根を越えて入ってきてはいるが、英語は疎《おろ》か、ウルドゥー語学習率もフンザと比べてガクンと下がる。北向きの貧しい谷、という印象だ。飽《あ》くまでも、印象の話なので怒らないでほしい。メインはブルシャスキー語だが、特に下流域へ行くとシナー語の話者も増える。

ブルシャスキー語のナゲル方言は、フンザ方言と対比して、音声的には古いであろう特徴を持っているが、語彙《ごい》的にはシナー語からの借用語が比較的多い。自分たちの言語をブルシャスキー語式の「ブルシャスキ *burúšaski*」ではなく、シナー語式の「カジュナー *khajunaá*」と呼ぶ人も多い。「カジュナー」は、「『カンジュート *khar-júuṭ*』の言語」という意味であり、「カンジュート」とは、かつてこのあたり（アフガニスタン北東部〜パキスタン北部のどこか）にあったと記録にある、「カンボージャ *kambōja*（कंबोज／剣浮沙）」とか「カーピシ *kāpiśī*（कापिश／迦畢試）」とかいった名前の国に由来している（今はアフガニスタン北東部に「カーピーサー *kāpīsā*（کاپیسا）」州がある）。

## 気になった地名

そういったこともあって、フンザ方言と比較するためにもナゲル方言を調査したく思い、二〇〇七年八月にナゲル谷に調査に来て、まずは地元の細かな地名を聞きつつ散策することで、土地鑑を養おうとしたものだった。そうして集めた地名を、調査後、帰国してから整理していたときに、その中に気になった地名が一つあった。

「ベディシャル *bédišal*」――。

メレクシャル、ホルシャル、ハカルシャル、ブローンシャル、ディラミシャルなど、ブルシャスキー語の地名には多く、「〜シャル」という語尾が登場する。たとえばディラミシャル *dirámišal* がディラミティン *dirámitiŋ* という氏族の多く暮らしている地区の名称だったりするので、「〜シャル」は、「〜の場所、村、地域」といった意味だろうと当たりがつく。そこで、「ベディシャル」だ。

フンザ谷のブルシャスキー語では、「ベディ〜」で始まる呼び名の人々が思い当たらない。必ずしも「〜シャル」が氏族名などの語彙にのみ付くわけではないが、ふと思い付いた推察があった。「ベディ〜」はいないけど、フンザには「ベリチョ *béričo*」（単数形はベリツ

*béric*）と呼ばれる人々がいる。彼らは「ベリスキ *bériski*」語を話し、彼らの暮らしている集落は旧名が「ベリシャル *bérišal*」だったはずだ。/r [ɾ]/ と /ḍ [ɖ]/ とは、音声的にそう遠くもない。破裂音の /ḍ/ を弾き音にすればウルドゥー語などの /ṛ [ɽ]/ だし、ブルシャスキー語は /ṛ/ 音を持たないので、その場合には /r/ に変化する可能性が高い。ナゲル谷の「ベディシャル」とフンザ谷の「ベリシャル」は、同じ名称かも知れない。

元ベリシャルに住み、ベリスキ語を話すベリチョ人は、言い換えれば、モミナバード村に住みドマーキ語を話すドマ人である。だとすれば、ベディシャルの人はドマ人で、ドマーキ語を話すかも知れない。そこまで推測し、翌二〇〇八年の調査でナゲル谷を訪れた僕は、ベディシャル集落へと向かった。

## ベディシャルを探す

大まかな位置は前年に聞いていたが、初の訪問である。詳細な位置が分からない。あちこちで地名を尋ね尋ねしながら谷を歩く。大ナゲル *uyúm náger* 町から下流方向へ、カイ *qhái* のあたりから急勾配の礫道《ざりみち》に入り、着いた先はシャビーラバード *šcbiirabáad*。そこで出会った中年男性に連れられて、カズィーマバード *kaziimabáad* の彼の自宅に招待される。そこで生水・昼飯・お茶・ヤナギバグミ・ビスケットで持て成しを受けて時間をロスト。土産に胡桃《くるみ》を貰《もら》いながら、彼に教わった農道を下っていくと、チャコティシャル *čhakóṭišal* に出た。今度は老人に出会い、道を尋ねると「何をしにベディシャルなんかへ行くんだ？」と問われる。「ドマーキ語という言語が話されているかも知れないから確かめに行くんだ」と答えると、「そんな言語はない。みんな、カジュナー語しか話さない」と突っ撥《ぱ》ねられてしまう。老人を無視してチャコティシャルを抜けて、ジープ道に出たあたりで青年に尋ねると、そこが目的のベディシャルだった。もう一度同じルートで来れる自信はない。

さて、いよいよベディシャルに着いたので、ドマーキ語話者を探してみる。小さなその集落でじっくりと時間を掛けて聞き込みをしてみると、どうやらドマーキ語を話す人物がいるということが判明した。男性が二人だけ話すのだと言う。六十代の老人と、四十代の中年男性とだ。だが、どうやら日常的にはもう皆、ブルシャスキー語（カジュナー語）を使用している様子。それでも調査をしたいと言うと、「明日、老人から調査できるように話を付けておいてやるから、九時に来い」と言われた。宿から徒歩で三時間掛かるのだが、しかたがない。日も傾いたし、帰り道を教わって、その日は引き上げることに。教わった道は分かりやすく、二時間半で帰れた。今日、村人らと話した限りでは、ウルドゥー語はあまり通じなさそうだった。老人からの調査は、ブルシャスキー語でやるしかあるまい。とっぷり日が暮れてから宿に戻ると、気温は一五℃。明日は日の出前に出発だが、調査用のノートを今晩中にウルドゥー語からブルシャスキー語に訳さないとならない。空き瓶に懐中電灯を乗っけて、寒さに震えながら準備をした。

## ベディシャルに入る

翌朝、日が出る前の暗い部屋で仕度をして、出発する。何か違和感があると思ったら、五cm長くらいのイモムシが鞄のベルトから頸《くび》に這い上がってきた。早朝から精神的にゲッソリする。道中で頻繁に悪ガキどもが「外国人《アングレーズ》*angreez*[★1]は谷から出ていけ」と言いながら投石してくるのを耐えつつ、二時間半掛けてベディシャルへ向かう。約束の時間の少し前に到着して、集落内へ。だが、肝腎な老人（D翁《おう》）の家を知らないので、誰かに訊くしかない。道の狭い集落で見通しが利かないので、人探しをするのですら大変だ。そうしてようやく見付けた男性に、老人の名前を言って家を教えてもらおうとするが、どうやら耳が不自由な様子。それでも僕の腕を摑んで、一軒の家へと案内してくれた。

小さな家の居間（家の中心にある竈《かまど》ストーブのある部屋）に通されて、手振りでそこに座れと指示されるので、大人しく従ってハエを退けつつ座って待つと、その男性が消えていった奥の部屋からやがて、何匹ものハエとともに老婆が登場した。

あとから分かるのだが、ここはドマーキ語を話せる老人（D翁）の家ではなかった。さらに言えば、この日は目当ての老人が村におらず、もう一人の話者であると噂があった中年男性G氏から、無事とは言えないけれども、何とか多少の単語調査をすることができたのだった。

　ストーブを挟んで向かいに座った初対面の老婆とタイマンになった僕は、この人が何者かと訝《いぶか》っていた。そもそもここはシーア派の地域なので、老婆と言えども外来の男性である僕は、面会してはいけないのではないだろうか？　そんなふうに不安がっていると、おもむろに老婆は、ストーブの脇においてあった、ピティ *phiti*[*2]（パン）を僕のほうへと押し出してきた。カタカタと震える手で、近くのティーカップを掴み、火の付いていないストーブの上の薬《や》罐《かん》からミルクティーを注ぎ、それも寄越す。よくある、来客への振る舞いだ。やや不気味だったのは、ここまで老婆もが一言も発していないことだった。

　いつ淹《い》れたのかも分からない冷めきったミルクティーを見る。油が浮いている。けれども持て成しなのだから、と、少し口を付ける。案の定、塩ミルクティーだ。少し傾けただけで、底に溜まっている茶葉が唇に触れた。ひんやりと気持ち悪い。衛生的にもかなり不安がある。老婆がピティを指差して食うように促してきた。小さく千切って、口に運ぶ。僕はここで何をしているのだろうか。今日は老人から、ナゲル谷にも話者が残っていたドマーキ語を調査するんじゃなかっただろうか。そのために、夜遅くまでブルシャスキー語での質問票も作ってきたのではなかったか。ブンブンとハエが飛んで、顔に当たった。油の浮いた冷たい塩ミルクティーにもう一度口を付ける。ああ、腹を壊しそうな味がする。うあー、と何かが聞こえた。顔を上げると、老婆が僕を睨《にら》むように見ながら、口を動かしはじめた。喋った。

「……私は病気だが薬が買えない。五〇〇ルピーを寄越せ」

細い声で。ブルシャスキー語のナゲル方言で。ああ、何たることか。ボッタクリ民家よ。

＊1 ブルシャスキー語で外国人のことをアングレーズ（ウルドゥー語のアングレーズ *angrēz*（انگریز）の借用語）と呼ぶが、勘の良い方ならすでにお気付きであろう、これは本来「英国人」という意味である。琉球の言語で「外国人、西洋人」全般をウランダー *urandaa*（「オランダ人」）と言うらしいが、それと似ている。

＊2 フンザ谷、ナゲル谷で食されるパン。耳は硬く、身はモチモチとしている。フンザ・ブレッド（**Hunza bread**）とも呼ばれる。

少しいびつな
形した
りんごや梨

# ウルドゥー語
## Urdu

ウルドゥー語の基本フレーズ
（ローマナイズ表記は実際の発音に近付けた）

「私の名前はノボルだ。」
メーラー・ナーム・ノボル・ヘエ
*mērā nām noboru hɛ̄.* / میرا نام نوبورو ہے۔

「君の名前は何だ？」
トゥムハーラー・キャー・ナーム・ヘエ
*tumhārā kyā nām hɛ̄?* / تمہارا کیا نام ہے؟

「どうもありがとう。」
ボホト・シュクリヤ
*bɔhot šukriya.* / بہت شکریہ۔

「調子はどうだ？」
キャー・ハール・ヘエ
*kyā hāl hɛ̄?* / کیا حال ہے؟

「元気だ。」
メエン・ティーク・フーン
*mɛ̃̄ thīk hū̃.* / میں ٹھیک ہوں۔

「また会おう。」
ピル・ミレーン・ゲー
*phir milẽ̄ gē.* / پھر ملیں گے۔

「ウルドゥー語で何て言うの？」
ウルドゥー・メン・キャー・ケヘテー・ヘエン
*urdū mẽ kyā kɛhtē hɛ̃̄?* / اردو میں کیا کہتے ہیں؟

・インド・ヨーロッパ語族　インド・イラン語派　インド語派　中央グループ
・パキスタンの国語、インドの第8附則指定言語
・話者は約1億6,321万人（第一言語話者としては約6,917万人）
・パキスタン、インド、バングラデシュ　など
・自称言語名はウルドゥー *urdū*（اردو）

＊

1998年から学習。

パキスタンの国語でもあるし、インドのジャンムー・カシミール州では実質的に州の公用語的なポジションを獲得しているので、僕の調査地は全て、ウルドゥー語が一般に通じる地域であると言える。ヒンディー語ともおおむね、相互理解可能であると言われているが、専門的な話や、日常的な挨拶などといったジャンルでは、語彙《ごい》が大幅に異なるので、通じない。

地域差は大きい。たとえばイスラマバード近辺ではパンジャービー語からの影響が大きく、パキスタン北西部ではパシュトー語からの影響が窺える。ブルシャスキー語話者の話すウルドゥー語が、受動態を体系的に欠いていたりもする。ハイバル・パフトゥーンフヮー州チトラール県では、「別々に」を意味する語句として、イスラマバードやパキスタン北東部などで使うアラグ・アラグ *alag alag*（الگ الگ）ではなく、アラーイダ・アラーイダ *alā(h)ida alā(h)ida*（علیحده علیحده）を多用したり、スバ *suba(h)*（صبح）「朝」という単語に「明日」という意味もあったり、本来ならばタクリーバン *taqrīban*（تقریبا）と発音される「およそ」という意味の単語が、ターリバーン *tāribān* と転訛《てんか》していたりする（武装組織名で有名なターリバーン *tālibān*（طالبان）「タリバン、探求者たち」とは、リの音がRとLとで異なる）。

近年では、英語からの借用語が増えており、それに伴ってか、伝統的な発音にはなかった音連続を持つ単語も散見される。一例として、英単語の *school*「学校」に由来するウルドゥー語は、skという語頭での音連続が本来的には許されなかったため、イスクール *iskūl*（اسکول）だったのだが、最近ではスクール *skūl*（سکول）と発音し、表記することが多くなっている。

アラビア文字系統のウルドゥー文字で書かれるが、正書法がしっかりとは定まっていないのか、分かち書きをどこでして、どこでしないのか、人によって異なる。

# インフォーマントの死

## 死との距離

人は死ぬ。

それはとても当たり前のことだが、幸か不幸か、僕のこれまでの人生は、身近な人の死に直面する機会がなかったので、頭では分かっていたものの、心では分かっていなかった。両親兄弟はいまだに元気だし、祖父母は僕の生まれる前にほぼ全滅しており、唯一生き残っていた祖母も、小学校くらいのときか、ほとんど接触のないままに亡くした。特に理由もなくお互いに親戚付き合いの少ない親族の家庭だったので、「小さいころから仲良くしてくれたオジチャンが！」とか、そういうのもなかった。喪失感を伴った死別を、知らずに育ってきたのだ。

考えてもみれば、これも小中学校時分に、兄の友人であった知人を事故で亡くしたりもしているし、地元を離れて一人暮らしをしていたころに、昔の友人が亡くなっていたこともあった。けれども、彼らの死にピンと来ていなかったのは、やはりそれでも関係の稀薄さが実感を湧かせなかったためではないかと思われる。要するに「身近」ではなかったのだろう。

ところが、である。何を間違えたのかフィールド言語学者になってしまい、それまでの人生とは違った、積極的に多数の人と関わる人生に路線変更してしまった。

「インフォーマント探し」の節でも述べているが、フィールドでは、地元の人々にこちらからアプローチをする。知人を増やし、友人を増やし、インフォーマントを増やす。インフォーマントとの時間は濃度が高い。毎日一時間、とか、一週間毎日三時間、とか、相手の集中力や体力と相談しつつ、一対一で向かい合う時間を継続的に作るのだから、当然だ。ありがたいけど勘弁してほしいくらいに、長々と物語を聞かせてくれるインフォーマントもいる。基本的には、僕のインフォーマントはみな、僕の友人でもあるし、共有した時間が多いだけ仲も良くなっていることが多い。

なかば神話のようにもなっているが、日本は長寿国である。長寿が過ぎて年金問題や介護不足、老老介護問題なども勃発し、悩ましい長寿を誇っている。

# 死の訪れ

一方で、僕の研究のメインであるブルシャスキー語の、メインの調査地であるフンザ谷。これもまた、世界三大長寿の郷《さと》の一つと評されている（他の二つは、コーカサス地方と、アンデスのビルカバンバ）。SF作家などとして有名なアイザック・アシモフの蒐集《しゅうしゅう》したトリビアにも、「フンザには癌《がん》がない」として登場する（アシモフ 一九八六：八二）。

たしかに、フンザ人は長生きそうに見える。老人も矍鑠《かくしゃく》とした足取りで坂道だらけの集落内を移動しているし、寝たきりになった人の話なども聞かない。理想的なピンピンコロリ世界に思える。

とはいえ、人は死ぬ。老若男女問わず死ぬ。

フンザ谷は、標高が二〇〇〇～二五〇〇mくらいを中心にして村々が広がっている。周囲の山々は七〇〇〇m台。緯度は北緯三六・〇～三六・四度くらいなので、北関東とか長野、岐阜、南北陸のあたりから真西に行ったところだ。なので、どういう場所なのかを大雑把にイメージしたければ、「日本アルプスの七、八合目に暮らしている」とでも考えてもらえれば良いかと思う。実際には、山岳沙漠と呼ばれる気候で、夏はそれなりに暑く、冬はそれなりに寒い。雪は少ない。

僕の調査は夏〜秋が多いのだが、たまに十二月や二月などに現地の村に滞在していると、それでも週に一人は、村内の老人が亡くなる。冬の寒さに負けてしまうのだ。夏だって三五℃を超える暑さになるが、日本の夏と異なって湿度が低いので、室内や日陰にいさえすれば、それほど酷な暑さではない。誰かが亡くなると、村の高台へチャルブ *čarbú* と呼ばれる人が駆け上がり、亡くなった人の名前と氏族 *roòm*《ロオム》（英語で言う“clan”）名とを肉声を張り上げてアナウンスする。葬式は氏族単位で執り行われるので、当該氏族の大人はアナウンスを聞いて、葬儀の準備へと向かうのだ。氏族は村ごとに数グループある。

最近は、夏に調査に行くたびに、「この前の冬に○○さんが亡くなった」というニュースを聞く。調査に行きはじめて一五年以上。物語を多く知っているのは老人が多いこともあって、インフォーマントにも老人が多々ある。仲良くなったけど、諸般の事情からインフォーマントにはなってもらわなかった老人も多い。最初のころに知り合った老いた友人が、徐々に亡くなりはじめたのだ。

今、二〇一八年七月にこの原稿を書いているのだが、これまでに印象深い老人を三人亡くしている。物語を教えてくれた、元軍人でインテリのベーグ翁《おう》。常宿の向かいの宿のオーナーで、常宿のオーナーの親戚でもあったハイダー爺《じい》。[*1] そして、僕が足繁く通っていた馴染みの宝石店の店主だった、ダルベーシ爺さん。

特に、ダルベーシ（これは綽名《あだな》。野球選手で有名な「ダルビッシュ」と同名である）爺さんは、たいそう仲良くしてくれていたし、たいそう値引きもしてくれていた、毎日店の前を通りかかる僕を捕まえて茶を飲まそうとしてきてくれた、穏やかで物静かな好々爺《こうこうや》だった。いや、それを言ったらフンザの老人はたいがいが好々爺だが、それでもダルベーシ爺さんとは波長が合った。けれども、二〇一六年、たまたま僕がフンザに行かなかった年に、帰らぬ人となってしまったのである。今でも次男が店を継いで営業しているものの、改装もされてしまったし、何だか足が遠くなってしまった。

それでも、「老人なんだから」と、慣れない喪失感に何とか抗《あらが》ってきてはいたのだが、今月（二〇一八年七月）頭に、僕と同い年くらいの友人も急死してしまった。僕がメインで調査をしているスポットであるバルティット・フォートの、受付・ガイドをやっていたイムティ（綽名）。地元でも笛の名演奏家として有名で、それこそ滞在中はほぼ毎日顔を合わせていた男である。国際学会で南アフリカに滞在していたときに、SNSでその報《しら》せを受けた。心臓発作だとのこと。脚を骨折していて今夏は調査に出られないと思っていた矢先のそのニュースは、今はまだ僕に実感を与えてくれていないけれど、次回バルティット・フォートへ行ったときに思い知らされるのだろうと考えると、何だかずっと心がざわついている。

## 死と調査

人は死ぬ。生活の中に死はあって、葬送にまつわる単語があったり、儀礼として手順・様式・名称があったりと、言語学・人類学的に見て、それなりの頻度で訪れる死というものは、一つのチャンスでもある。とはいえ、どこの氏族にも属していない僕は現場を見るのが難しいし、逆に、参列ができそうなくらいに親しかった者の死と対峙《たいじ》したとして、それでもその現場で調査に踏みきれるかと言われれば自信がない。据え膳チャンスを活かせないようでは研究者として失格かも知れないが、それは友人をインフォーマントとしている者として、しかたがないのではないかとも思う。

日本語では、直接的に「死ぬ」と表現するのが憚《はばか》れる際などに、回避として「亡くなる」「逝く（行く）」「星になる」「息を引き取る」「永眠する」などといった言いかたでぼかすことがある。これは別に日本語に限った話ではなく、英語でも、中国語でも、ウルドゥー語でも、全ての言語を知っているわけではないので全ての言語でとは言わないが、数多くの言語で見られる現象で、婉曲《えんきょく》語法（**euphemism**）と言う。ブルシャスキー語では「死ぬ（@-*ír*-）」[*2]という表現の代わりに、「昇る、上になる（*dáal* @-*mún*-）」と表現する婉曲語法がよく用いられる。そうやって憚ったりする一方で、日常の冗談として頻繁に、最近見ない者を揶揄《やゆ》して「○○は死んだ」とか言うのだから気分が宜しくない。このあたりは、日本人と南アジア人との死生観の違いもあろう。

＊1 日本人バックパッカー内での通称。ハイダー・イン（Haider Inn）という宿を経営していた。"Haider" や "Hyder" などとラテン文字で綴られるこの名称は、ウルドゥー語なら "حیدر" だし、ヒンディー語なら "हैदर" と綴られ、正しくはヘエダル *hēdar* である。インドやパキスタンには何箇所か、ハイデラバード（Hyderabad）と言う地名もあるが、これも "Haider / Hyder" にアーバード *ābād*（آباد / आबाद）「居住している」がくっ付いた地名である。アーバードは、イスラマバード、カリマバード、シカンダラバード、アフメダバードなどなど、さまざまな地名を作るのに用いられている。

＊2 ブルシャスキー語の表記の際に、「@」という記号を用いることがあるが、これは名詞の持ち主、形容詞の感覚主、動詞の対象者に一致した人称接頭辞という要素が必要とされる、ということを便宜的に示すための記号である。たとえばここでは、「彼が死ぬ」ならば *i-ír-*、「彼女が死ぬ」ならば *mu-ír-* と、語頭が変化する。そして動詞なので、時制や主語などに合わせて、語末も変化をするため、語形もハイフン "-" で中断した姿で示している。

老人.

果てのない

# 「はじめに」

不思議なもので、自ら好んで不便な生活を余儀なくされる国へ旅行に行く人やら、調査に赴《おもむ》く現地が大好きなフィールドワーカーやらが世の中には存在するらしい。そういう人たちの頭の中は、どうなっちゃってるのだろうと常々疑問を抱いている。

そんなに長くもないけれど、かと言ってじっくり考えてみるとそんなに短くもない半生を、目下後悔の海を航海する僕は、しばしば振り返って考えてみる。どこで道を踏み誤ったのだろうか、と。たいてい、その試みは同一の結論に到る。高校時代を自堕落に過ごしていたのが大いなる元凶だ。高校生時分の自分を水木しげる漫画のようにビビビとしばきたい。お前のせいで僕は、三週間で五kgも痩《や》せる不健康なフィールドワークをしているんだぞ、って。その点、中学時代は冴《さ》えていた。「僕は一生日本から出ないから、英語の勉強なんてしない！」と、嫌いな英語の授業をサボっていたのなんて、今でも共感できる。いや、そのせいで近年は研究者同士での交流や口頭発表、論文執筆のたびに苦労をしている。やっぱり、中学生時分の自分もポカリと叩きたい。小学生に戻りたい。

いつだって行き当たりばったりで生きてきた結果、言語学者になっていた。幼いころに描いていた「将来の夢」が何であったのかはもう思い出せないけれど、幼い子が思い描く学者と現実の日本の学者とが派手に乖離《かいり》しているというのは疑いがないと思う。幼心には思い付きもしないだろうけれど、学者というのは多くが大変だ（意見には個人差があります）。異常な経緯で不当に採用される以外は基本的に、大学の学部を卒業したあとに大学院（修士課程＋博士課程）をも出るのが最低条件なので、就職が遅い。周囲の友人知人がさっさと就職していく中、学業に励みつづける。彼ら「一般の人」が貯蓄し、恋愛し、結婚し、家庭を築くころ、ようやく研究職への切符を手に入れる資格を得られる。そこで待ち受けるのはポスドク就職難、要するに切符の販売がない。もちろん、貯蓄はゼロだ。運良く、餓死する前に職に就けても、研究以外に事務処理やら、組織運営の委員会やらと、驚くほど「雑務」が多い。社会貢献も求められるし、研究を喧伝《けんでん》して社会に役立っているのだとアピールするアウトリーチ活動だって、なかば義務となってきている。一人で何役こなさなくてはならないのだろうか。それでいて、あろうことか、阿修羅《あしゅら》も眼を瞠《みは》る八面六臂《はちめんろっぴ》の大活躍をしたところで、苦笑するほど薄給なのだから救いがない。政《まつりごと》が学者を見捨てたから、天も学者を見放したのか。そうとなれば、自然と愚痴が漏れるのも致しかたがないだろう。

二〇一七年八月現在、まずはじめに、導入とでも言うべきこの節から書いてみている。

のっけからマイナス感情を糧《かて》にフルスロットルで書き連ねはじめたが、このエンジンは燃費が良いので安心してほしい。そしてこれまでの文章で分かったかと思うが、僕はフィールドワークをする言語学者だ。この本では、フィールドワークとは何か、言語学とは何をする学問か、どうして二週間で五kgも痩せるのか、どのように踏み誤ったのか、冒頭の疑問はなぜ生じるのかなどを、ときに分かりやすくときにこっそりと解題していこうと思う。そうすることで、無垢《むく》な幼い子供たちがむやみやたらと学者に憧れを抱くのを阻むことができるし、それによって不幸な人を減らすことができて、研究活動を知らしめるというアウトリーチが達成されるのだから、本音で語りたい。

なお、あくまでも一個人の主観に基づく随筆であることも、お忘れなく。

吉岡　乾

# あとがきに代えて

誤解を恐れず申し上げると、吉岡先生は分かりにくい。自称物臭《ものぐさ》で、「楽《らく》して暮らせるなら研究を辞めたい」なんておっしゃるのに、ひたむきに現地へ赴《おもむ》き、貪欲に言語を求め、どこまでも真摯に研究者の在りかたを問うている。物静かで礼儀正しいのに、いつお会いしてもユニークな（ヘンな）Tシャツを着ているし、研究室にはカワウソやらパンダやら「カワイイ」小物たちが嬉々として並べられている。常に淡々としているが、冷たくはない。私が的外れな質問を重ねても、じっと考え、簡潔な言葉で応じられる。落ち着いた深い声で話し、まっすぐに人の目を見る。（お断りしておくが、吉岡先生の講義は大変に分かりやすい）

この、稀有《けう》な魅力を放つ孤高の言語学者に惹かれ、彼の内にある世界をもっとよく知りたいと思い、単著の執筆をお願いした。ある原稿では現地への辛辣な批判があり、またある原稿では消えゆく言語への透徹した眼差しが垣間見える。現地が好きなのか嫌いなのか、熱意があるのかそうでないのか、ああ、やっぱり分かりにくい。分かりにくいけれど、嘘がないことだけは分かる。嘘がないことは、吉岡先生が考える研究者のあるべき姿かもしれない。

本書で書かれているとおり、世界や社会がそんなにシンプルではないからこそ、あらゆる現象に研究者たちは取り組んでいる。シンプルでないのは、人間だって同じだろう。一人の人間なんて、それほど簡単に理解できるはずがない。私は吉岡先生の、すぐに分かろうとしたり役立とうとしたりしない懐《ふところ》の深さにこそ惹かれ、研究者として心から信頼している。この本を読んで、同じ感想を抱く読者がいてくれたら嬉しい。

内貴麻美（編集）

# 参考文献

I・アシモフ，星新一（編訳）．1986．『アシモフの雑学コレクション』．東京：新潮社．

アジア・アフリカ言語文化研究所（編）．1967．『アジア・アフリカ言語調査票 下』．東京：アジア・アフリカ言語文化研究所．

君島久子．1987．『ケサル大王物語——幻のチベット英雄伝』．東京：筑摩書房．

斎藤由美子．1999．『不思議の国 パキスタン』．東京：東洋出版．

J・サンプソン（編），庄司浅水（訳）．1991．『ジプシー民話集：ウェールズ地方』．東京：社会思想社．

野上あいこ．2014．『パキスタンでテロに遭いました』．東京：彩図社．

野中恵子（著），トゥルブラム・サンダグドルジ（絵）．2009．『光の子ゲセル——モンゴルの伝説』．東京：審美社．

吉岡乾（著），西淑（イラスト）．2017．『なくなりそうな世界のことば』．大阪：創元社．

若松寛（訳）．1993．『ゲセル・ハーン物語——モンゴル英雄叙事詩』．東京：平凡社．

わだあきこ．1995．『パキスタンへ嫁に行く』．東京：三一書房．

Davidson, J. 1902. *Notes on the Bashgalī (Kāfir) Language.* Calcutta: Asiatic Society.
Lorimer, D. L. R. 1935. *The Burushaski Language, Vol. II: Texts and Translations.* Oslo: H. Aschehoug & Co. (W. Nygaard).
Lorimer, D. L. R. 1939. *The Ḍumāki Language: Outlines of the Speech of the Ḍoma, or Bērīcho, of Hunza.* Nijmegen: Dekker & van de Vegt N. V.
Platts, John T. 1884. *A dictionary of Urdu, classical Hindi, and English.* London: W. H. Allen & Co.
van Skyhawk, Hugh, Hermann Berger, und Karl Jettmar. 1996. *Libi Kisar: Ein Volksepos im Burushaski von Nager.* Wiesbaden: Harrassowitz Verlag.
Sloan, Mohammad Ismail. 2006. *Khowar-English Dictionary: A Dictionary of the Predominant Language of Chitral.* New York: Ishi Press International.
Tikkanen, Bertil. 1991. A Burushaski Folktale, Transcribed and Translated: The Frog as a Bride, or, The Three Princes and the Fairy Princess Salaasír. *Studia Orientalia*, 67: 65–125.
Turner, R. L. 1966. *A comparative dictionary of Indo-Aryan languages.* London: Oxford University Press.
Watkins, Calvert (rev. & ed.). 2011. *The American Heritage Dictionary of Indo-European Roots.* 3rd edition. Boston, New York: Houghton Mifflin Harcourt.

プロフィール

著者

## 吉岡 乾　よしおか・のぼる

国立民族学博物館准教授。専門は記述言語学。博士（学術）。一九七九年十二月、千葉県船橋市生まれ。二〇〇二年五月、東京外国語大学大学院博士課程単位取得退学。同九月に博士号取得。博士論文の題は「A Reference Grammar of Eastern Burushaski」。二〇一四年より、現職。大学院へ進学した二〇〇三年よりブルシャスキー語の研究を開始し、その後、パキスタン北西部からインド北西部に亙る地域で、合わせて七つほどの言語を、記述的に調査・研究している。著書に『なくなりそうな世界のことば』（創元社）。

イラスト

## マメイケダ

主に画業。一九九二年島根生まれ。二〇一三年秋ごろから絵を描き始める。二〇一五年ごろから展覧会・SNSで精力的に絵を発表。同時に書籍の装画などのイラストレーションも手がけ始める。二〇一六年HBファイルコンペ仲條正義賞を受賞。作品集に『味がある。』（誠光社）『ふうけい』『ふうけい2』（共にiTohen press）、主な装画の仕事に『味なメニュー』（著・平松洋子 新潮社）『ウマし』（著・伊藤比呂美 中央公論新社）『帰ってきた日々ごはん3』（著・高山なおみ アノニマ・スタジオ）など、著書に絵本『おなかがへった』（WAVE出版）がある。好きな食べ物は卵。大阪在住。

# 現地《げんち》嫌《ぎら》いなフィールド言語学者《げんごがくしゃ》、かく語《かた》りき。

二〇一九年九月一日　第一版第一刷発行

著者　吉岡 乾

発行者　矢部敬一
発行所　株式会社 創元社
本社　〒五四一―〇〇四七　大阪市中央区淡路町四―三―六
電話〇六―六二三一―九〇一〇(代)
東京支店　〒一〇一―〇〇五一　東京都千代田区神田神保町一―二　田辺ビル
電話〇三―六八一一―〇六六二(代)
ホームページ　https://www.sogensha.co.jp/

装画・イラスト　マメイケダ
装丁・組版　納谷衣美
印刷　図書印刷株式会社


ISBN978-4-422-39003-1 C0080
乱丁・落丁本はお取り替えいたします。定価はカバーに表示してあります。